全体最適の視点で効果を上げる

自治体DXの進め方

推進段階別の課題と対応

合同会社KUコンサルティング
代表社員 髙橋 邦夫【著】

第一法規

はじめに

2021年9月、『DXで変える・変わる 自治体の「新しい仕事の仕方」推進のポイントを的確につかみ効果を上げる！』という書籍を執筆しました。この年の5月に第204回通常国会において、「デジタル改革関連法」が可決・成立したこともあり、一般の方々にもDX（デジタルトランスフォーメーション）という言葉がよく聞かれるようになった頃です。

法案提出に先駆けて、総務省から全国自治体に「自治体DX推進計画」が発出されたことを受け、自治体がDXに取り組むにあたり、「自治体DXの推進により、自治体職員の仕事がどのように変わるのか、また変わっていかねばならないのか」、そして「デジタル化を進める上でキーとなるICTツールを導入するポイントはなにか」といったことを、書籍を通してお伝えしました。

この書籍をきっかけとして、自治体職員の方々から「DX計画の策定を手伝ってもらいたい」「議員・関係者などに自治体にとってのDXとはなにかを説明してほしい」といった依頼をいただくようになり、多くの自治体に伺って支援・助言を行ってきました。

そして今、私への依頼内容が広がりつつあることを実感しています。DXに着手するにあたり、なにから始めたらよいかを悩んでいる自治体がある一方で、すでにICTツールを導入して、ツールの普及策に苦心している自治体もあります。2021年9月に発足したデジタル庁をはじめ、各省庁から様々な支援策が出されています。しかし、自治体はそれぞれに悩みを抱えていて、それは先行しているかどうかではなく、自治体の組織体制や組織風土、さらには財政規模など、自治体固有の課題と密接に絡み合っていることがみえてきました。

そこで、こうした様々な課題を整理し、DXの推進段階別にその対応策についてご提供する本書、『全体最適の視点で効果を上げる 自治体DXの進め方 推進段階別の課題と対応』を執筆いたしました。

私の強みは29年間の自治体職員としての経験に加え、300近くの大小様々な自治体にデジタル化の支援をしてきた経験だと思います。この経験から見聞きしたことを、一般的な「事例」として提供することで、DXの進め方をより具体的にお伝えできるのではないかと考え、本書の第3章では、DX推進の障壁となる課題を取組みの進捗度（検討開始前・検討開始後からツール導入まで・ツール導入後）ごとに分類し解説しました。また、人材育成、調達・事業者選定といったDXへの取組み全般に係る課題についても、それぞれに事例をあげて、課題解決の手法や取組みのポイントなどをお示し、DX推進に悩みを抱えている自治体担当者の参考としていただける内容としました。

　地球温暖化による気候変動や世界各地で起こる紛争などにより、不確実性が高まる現代において、日進月歩で新たなツールが現れるデジタル社会の未来像を想像することは非常に困難ですが、数十年来、さほど変わっていない自治体職員の働き方や行政サービスのあり方を、変えなければならない時期にあることは間違いありません。

　総務省が「自治体DX推進計画」を発出してから2年半が経ち、「デジタル田園都市国家構想」によって地方部の自治体にも支援策が及ぶようになりました。幸いにも多くの自治体でデジタル化への取組みが必要と認知されてきたことから、本書では、DXに取り組む際の視点や課題への対応策が内容の中心となっています。

　DXはデジタルツールの導入が目的ではありません。目指すのは業務改革の先にある「誰一人取り残されない、人に優しいデジタル社会」です。本書では、その実現に向けて、DX推進に自治体全体で取り組むことの必要性をお伝えしています。ひとつでも多くの自治体で、本書を参考にDXを着実に進めていただけることを期待しています。

　令和5年5月

合同会社KUコンサルティング

代表社員　髙橋　邦夫

目 次

第2章 ────
DXに着手する・進める

第3章
DX推進を阻む課題を解決する

第4章
DXで「新しい仕事の仕方」「新しい社会」を創る

第1章

Society5.0の到来で社会と自治体業務は変わる

第 1 節 | デジタル改革関連法と これからの社会 ―法制度が目指す社会

1 日本が目指すデジタル社会

POINT

◎ 日本はまさに今、DXに取り組み始めたところである。

◎ デジタル改革関連法は日本のデジタル化の大きな転換点である。

◎ デジタル社会では、経済発展だけでなく社会的課題も解決する。

（1）　デジタル社会の実現に向けた改革とDX

　2019年末に未知のウイルスによる感染者が現れた頃、季節性インフルエンザなどと同じ扱いになるまでにどれほどの期間を要するか、誰が見通せたでしょうか。行動制限の緩和によって回復してくると思われた景気も、ロシアによるウクライナ侵攻の影響も受け、輸出規制やエネルギー高騰による物価高により、低迷を続けています。

　このように混迷を深める一方の社会において希望の光となっているのが、DX（デジタルトランスフォーメーション）です。2020年の暮に時の政府が「デジタル社会の実現に向けた改革の基本方針」と「デジタル・ガバメント実行計画」を打ち出した当時には、DXという言葉はITに携わる人が知っている程度でしたが、今では様々なメディアで目にするようになり、深い意味は知らなくても多くの国民に知られる言葉として広まってきました。

　2021年10月に発足した岸田内閣は、４つの主要政策を掲げまし

た。そのひとつである「未来を切り開く新しい資本主義」には「デジタル田園都市国家構想」や「デジタル臨時行政調査会」などのデジタルに関連する政策が含まれているように、前政権が掲げた基本方針を引き継ぎ、さらに高めようとしています。このことは基本方針に基づき2021年9月に発足したデジタル庁に「デジタル臨時行政調査会」の事務を担わせたことが証明しています。

　2023年の第211回国会には、デジタル臨時行政調査会が策定した「デジタル原則に照らした規制の一括見直しプラン」を踏まえて、デジタル技術の進展を踏まえたその効果的な活用のための規制の見直しを推進するための「デジタル社会の形成を図るための規制改革を推進するためのデジタル社会形成基本法等の一部を改正する法律」と、国民にすっかり浸透したマイナンバー並びにマイナンバーカードについてより一層国民の利便性向上を図るための「行政手続における特定の個人を識別するための番号の利用等に関する法律等の一部を改正する法律」が提出されました。

　デジタル化を進めるためには、その妨げとなる法律や規則、縦割り行政の弊害などを取り除く必要が生じます。上記の2つの改正法は、先ずは妨げとなっている法律を改正し、マイナンバー制度や規制改革をデジタル化推進の切り札とすることを目的としたものです。また、その後の推進役をデジタル庁に任せることで、デジタル庁はデジタル化だけでなく改革も同時に進めるという、正に日本が国レベルで「デジタルトランスフォーメーション」に取り組むという決意の表れではないかと考えます。

　国がデジタル化と同時に規則やルールを見直し、全体最適の視点で縦割りの弊害を排除して、新しい世の中に柔軟に対応できる力を国民とともに進めること、これこそがDXであり、デジタル臨時行政調査会からの提言が実現できるか、マイナンバー制度が国民に受け入れられ利用者本位の行政運営に変われるかどうか、ここに日本が不確定な国際情勢の中でもリードを保ち続けられるかどうかの決定的要因があ

るとみています。

（2）　デジタル改革関連法と Society5.0

　デジタル臨時行政調査会の提言実現が今後の日本を左右すると述べましたが、規制改革や行政改革については、先の政権時代に成立したデジタル改革関連法に盛り込まれています。関連法の中のひとつである「デジタル社会の形成を図るための関係法律の整備に関する法律」には「押印・書面の交付等を求める手続の見直し」といった規制改革が含まれていますし、「マイナンバーを活用した情報連携の拡大」や「個人情報保護制度の見直し」は、各機関が保有している情報を連携させたり、バラバラであった個人情報保護規則の統一化を図ったりと、行政改革に踏み込んだ内容となっています。

　さらには各省庁の横串をさす役割を担ったデジタル庁の創設も含まれていますので、デジタル改革関連法が日本のデジタル化の大きな転換点となったといっても過言でないと思います。

　2021 年 5 月に成立したデジタル改革関連法には、「デジタル社会形成基本法」「デジタル社会形成整備法」「デジタル庁設置法」「公的給付の支給等の迅速かつ確実な実施のための預貯金口座の登録等に関する法律」「預貯金者の意思に基づく個人番号の利用による預貯金口座の管理等に関する法律」「地方公共団体情報システムの標準化に関する法律」の 6 つの法律が含まれています。

　中核をなす「デジタル社会形成基本法」の第 5 条には「デジタル社会の形成は、（中略）生活の利便性の向上、生活様式の多様化の促進及び消費者の主体的かつ合理的選択の機会の拡大が図られ、もってゆとりと豊かさを実感できる国民生活の実現に寄与するものでなければならない」とあります。デジタル社会は、IT に関連する関係者だけではなく、広く国民に影響を及ぼすものでなくてはならないと、法は基本理念で述べているのです。

　これに近い概念として「Society5.0」があります。Society 5.0 と

は、内閣府ホームページ（Society5.0）によりますと、「サイバー空間（仮想空間）とフィジカル空間（現実空間）を高度に融合させたシステムにより、経済発展と社会的課題の解決を両立する、人間中心の社会（Society）」で、「狩猟社会（Society 1.0）、農耕社会（Society 2.0）、工業社会（Society 3.0）、情報社会（Society 4.0）に続く、新たな社会を指すもので、第 5 期科学技術基本計画において我が国が目指すべき未来社会の姿として初めて提唱」されたもの、とされています。

　また総務省の「令和元年版　情報通信白書」には「デジタル経済の進化は、ICTの更なる発展・普及を通じ、サイバー空間とフィジカル空間が高度に融合するSociety 5.0へと着実に向かっていくであろう」とあります（147頁）。

　デジタル化を進める先にある"5番目のスマートな社会"では、経済の発展だけでなく、環境問題や格差・貧困・差別といった社会的課題の解決も可能となる、ゆとりと豊かさを実感できる社会になるはずです。国のDXへの取組みはその第一歩といえるでしょう。

2　デジタル化における自治体の役割

POINT	◎ すべての自治体が同じ方向でデジタル化に取り組まないと成果は出てこない。
	◎ 自治体は国のビジョン実現のための実行者として大きな役割を担っている。

（1）　国が目指す社会の実現と地方公務員

　国が目指すスマートな社会を実現できるかどうかは、自治体の動向に左右されるのではないかと私は考えています。

　国民（住民）に多くのサービスを提供する主体は自治体です。今般の新型コロナウイルスへの対応においても、感染者への対応もワクチン接種の体制確保も、さらには給付金の支給も原則自治体が担ってきました。全国でほぼ同一のサービス提供でしたが、自治体ごとに対策が違っており、ニュースなどを通じて自治体の特色を知ることができたのではないでしょうか。

　デジタルを活用したスマートな社会を創る指揮を執るのは、内閣であり政府であるのでしょうが、メンバーである自治体が演じなければなにもでき上がりません。すべてのメンバーがそれぞれのパートをしっかりと演じれば、素晴らしい成果が生み出されるでしょう。

　しかし、足並みを揃えないメンバーが出てくると、成果どころかマイナスの面が全体を覆ってしまうでしょう。先のパンデミックでは、全国的な鎮静化がみえてこのまま収まるかと思われたところ、都市部など三密回避の徹底化ができなかった場所から感染の再拡大が起こり、それが再び全国的に広がった事例があったように、デジタル化についても、システムの標準化やオープンデータなどで足並みが乱れることによって、マイナス効果が生じるリスクが懸念されます。

　足並みを揃え大きな推進力を生み出すためには、国のリードに加えて、1,700 余の自治体それぞれが同じ方向を向く必要があるのです。自治体の政策を担うのは地方公務員ですから、地方公務員こそが新たな社会の実現を担っているといっても過言ではないと私は考えます。

　とは言いつつも、私も 29 年間地方公務員として働いてきたので痛いほどわかりますが、地方公務員は「全体の奉仕者」であり「最小の経費で最大の効果を上げる」ことが求められています。総務省が「自治体 DX 推進計画」を発表してから 2 年以上経ちますが、未だに大きな成果を生み出した自治体が少数であるのは、大きな経費をかけて大胆な改革を実施するインセンティブが働いていないからではないでしょうか。

　デジタルツールの導入で考えると、市民向けのサービスに直結する

デジタルツールとなりますと、目新しさが求められ、さらには規模も大きくなることから、多大な経費と調整の時間を必要とします。一方で職員向けのデジタルツールの場合には、職員の負荷軽減のために導入するという誤解のもと、大きな予算を取ることにためらいを感じてしまうという声があり、特に財政規模の小さな自治体では、「なにから手をつけるか迷っている状態」との声を多く聞いています。

　ここでハッキリとさせておきたいこととして、デジタルを活用したスマートな社会とは、最先端の技術を用いたロボットや道具がサービスを提供し活躍する社会とイコールではなく、たとえサービスの提供はこれまで通りに人が行うとしても、バックヤードではデジタルを活用して人の負担を軽減し、そのおかげで無理や無駄がなく人が活動でき、サービスが充実する社会であってもよいということです。

　表向きのサービスのデジタル化と同時にバックヤードのデジタル化を進めることに躊躇する必要は、まったくないのです。

（2）　誰一人取り残されないデジタル化を実現するのは自治体の責務

　国が策定し予算化した制度やサービスであっても、それを国民に届けるのは、大多数が基礎自治体です。例えば新型コロナウイルスワクチンの接種事務においても、ワクチンの調達や接種ルールの策定は国が実施したものの、接種体制の確保と接種券の配付は自治体が行い、多くの国民が混乱なく接種を進めるために人を集め、知恵を絞ったことからもわかると思います。

　2020年に始まった新型コロナウイルスによるパンデミックは、今後同様の事態が発生した際には、国から様々な仕事が降りてくることを自治体が認識する機会になったものと考えます。そしてその際には、国からの金銭面での補填はあっても、業務をこなすマンパワーや仕組みは自分たちで用意しなければならないことを知ることにもなりました。

　これまで自治体では、想定外の事態に対応する際には、国の補助金

などを活用しながら、臨時職員や非常勤職員、さらには業務委託や派遣職員など、人を確保することで業務を進めてきました。しかし、今般の新型コロナウイルスによる各種の対応においては、一部の地域では人を確保するのが大変であったと聞いています。

　今後の人口減少が一層進む社会においては、これまでと違い人を雇って急場を凌ぐことが困難になることが想像できます。そうであれば、これまで5人で行っていた業務を3人でも進められるような仕組みを考えることが求められ、そこにデジタルツールを取り入れるという選択肢を増やすことが効果的であると思われます。

　政府は目指すべきデジタル社会のビジョンを「デジタルの活用により、一人ひとりのニーズに合ったサービスを選ぶことができ、多様な幸せが実現できる社会」とし、それが「誰一人取り残されない、人に優しいデジタル化」を進めることにつながるとしました。このビジョンを実現させるためには、身近なサービスを提供する機会の多い自治体が動かなければなりません。どんなに国が頑張っても、一人ひとりのニーズに合ったサービスを提供することは不可能です。

　このように、住民に身近な行政を担う自治体の役割は重要で、このビジョンが国民に認知された今、その実現に向けて自治体も早急に腰を上げてデジタル化に取り組む必要があるのです。

3　自治体がDXに取り組むための具体的な視点

POINT

◯ 先ずは内部の一般管理業務をデジタル化して効率化する。

◯ 内部事務の効率化は導入済みシステムの運用の見直しから始める。

（1）　内部事務の効率化に取り組む

　これまで多くの自治体のDX担当職員を支援してきましたが、皆が異口同音に訴えてくるのは「DXを進めようとしても職員が動いてくれない」という悩みです。他の自治体で効果を上げたアプリを薦めても、時間外勤務の多い職場にRPA導入の提案をしても、「今は忙しくて検討する時間が取れない」と言われてしまうとのことです。

　確かにどんなに優れたアプリであっても、導入に当たっては事前準備が必要です。業務を継続しながら新たなものを受け入れるためには、導入後の運用検討というこれまでにない時間を作り出す必要があるのです。ただでさえ忙しい職場に、受け入れ準備のための時間を作れというのは無理がありますし、大きな抵抗を受けるのも仕方のないことだと考えます。

　一方で私は、これまでにBPR（業務の見直し、効率化）のお手伝いをする中で、自治体の業務量調査を実施・分析してきました。5年以上にわたる自治体コンサルタントの経験を踏まえて、私は自治体職員の勤務内容を4つに体系分け（分類）してみたのです。それは、「1　成長と改善のための時間」「2　人間関係の構築のための時間」「3　本来の職務のための時間」「4　一般管理業務のための時間」の4つです。

　例えば、税務課課税係の職員の業務を考えると、課税計算や税額更正に充てる時間は「3」の時間、上司に報告したり新人に教えたりするのは「2」の時間、職員のスキルアップのためにマニュアルを作成するのは「1」の時間、そして、調査物に回答したり報告書を作成したりするのは「4」の時間となります。

　課税事務の繁忙期は春といわれています。決められた期日までに税額通知書を発送するために、担当職員は時間外勤務をして課税計算に追われる日々が続きます。しかし、そのような時期にあっても、朝から帰宅時間まで「3」の業務しか行っていないかというとそうでもあ

りません。

　確かにマニュアルなどを作成する余裕はないので「1」の時間はほぼ取れないでしょうが、上司への報告や仲間との相談は繁忙期であっても必要でしょうし、繁忙期であっても出張をすれば報告書を作成しますし、メールなどは通常期と同じように届くことでしょう。また、他の課の職員から本来業務とは関係ない仕事を頼まれたりもするでしょう。

　このように、公務員には決められた仕事以外にも数多くの業務が降りかかってきて、本来業務ではない仕事を上手に分け合って、住民サービスを実現しているのです。

　デジタルツールを導入して自治体DXを進めるためには、「1　成長と改善のための時間」を捻出することが必要となりますが、課税事務の繁忙期で述べたように、この時間はどうしても後回しになってしまいます。

　そこで私が目を付けたのが「4　一般管理業務のための時間」です。ここに該当する業務には、先に述べた調査物や報告書作成の時間の他に「メールをチェックして返信をする」「会議のために出席者の調整や資料の帳合をする」「決裁を受けるため、承認者のもとを訪れる」などが当たります。つまり、本来業務に関係のない業務はすべて「4」に含まれるのです。

　これらの時間を0にすることは無理ですが、例えば現在一日2時間費やしている「4」の時間を1時間にできれば、一週間で5時間の時間が生まれます。私は「4」の「一般管理業務のための時間」を少なくすることで生み出された時間で、デジタル化への検討ができると提案しています。いきなり本来業務のデジタル化に取り組むのがむずかしいのであれば、先ずは一般管理業務に焦点を当て、組織全体で内部事務の見直しを行うことから始めてみてはいかがでしょう。このようにアドバイスしています。

（2）　内部のデジタル化はDX推進の肝である

　一般管理業務といわれる内部事務のデジタルツールとして代表されるのは、財務会計システムや電子決裁システムですが、他にもファイルサービスやグループウェア、人事給与システムなどほぼすべての職員が扱い、すでに何年も使い続けられているシステムも多いという特徴があります。

　日常利用しているシステムですから、DXとは別物と考える向きがありますが、私はこれらのシステムを見直して、効用を高めることがDX推進の肝であると考えています。

　特にファイルサービスやグループウェアは、利用開始から20年以上経っている自治体が多いと思いますが、職員へのヒアリングを行うと、意外なまでに利用方法に対しての不満を持っています。長年使い続けている上に、バージョンアップによって機能は向上しているにもかかわらず「容量の大きなファイルは扱えない」「ファイルサービスとグループウェアのどちらに保存するか決まっていない」「メール送信と掲示板との違いがハッキリしない」など、どの自治体に訪問してもいくつかの不満を耳にします。

　これらの不満を解消することは、先にあげた「4　一般管理業務のための時間」を削減することに直結します。これまで長年にわたって「なんとなく」使い続けてきた内部事務システムのルールを見直すことは、すべての職員に影響を及ぼすことから、たとえ一人の職員にとっては数分の省力化であっても、職員数が100人の自治体では数時間分、1,000人の自治体では数十時間分の効果が発揮されます。そして、ここにはまったく予算を必要としません。今あるツールを見直すことこそ、自治体DXへの取組みの第一歩といっていいでしょう。

　さらに、決裁の電子化については、DX推進にとっては最も重要な要素となります。なぜなら、今後住民や事業者からの申請届出が紙からデジタルへと変化していくところ、内部の意思決定が紙であると、

デジタルデータを紙に打ち出して意思決定を仰ぐという非効率な運用が生じることになるからです。それに加えて、意思決定後にはその結果を業務システムに職員が手で入力するという、デジタルであれば一気通貫で進む流れを意思決定部分が分断することとなります。

　多くの自治体で文書管理や財務会計、庶務事務といったシステムが導入されているにもかかわらず、決裁については紙で回しているという自治体が多数であることに驚きを隠せません。これらの自治体では、各システムは「決裁文書を作成する機能」と「統計処理を行う機能」が分離されてしまいます。発生源入力という担当職員が起票できる仕組みはできても、確定結果を入力する所管部門の職員の省力化にはつながりません。

　私が在籍していた豊島区役所では、10年以上前から発議文書も支出命令も勤怠管理も、すべて電子で行われていました。行えている自治体があるのですから、できない理由を探るのではなく、どうすれば負担なく電子化への移行ができるのかを考えるべきなのです。

　自治体DXに取り組むということは、これまでなんとなく見過ごしてきた「こうすればいいのに」というルール変更を行う絶好の機会ではないでしょうか。

　総務省が発出した「自治体DX推進計画」には「自治体におけるDX推進の意義として、（中略）デジタル技術やAI等の活用により業務効率化を図り、人的資源を行政サービスの更なる向上に繋げていくこと」とあります。現在の多忙な自治体職員がいきなり行政サービスの向上を図るのには無理があるので、先ずは自分たちの業務を効率化して、そこで生み出された人的資源でトランスフォームすべきである、と書かれているのです。

　新たなデジタル技術やAIを導入するには、予算も導入に係るマンパワーも必要です。今ある情報システムの運用ルールを見直すことから始めれば、今日からでも取組みが始められます。なにから取り組めばよいのかを迷っているのであれば、先ずはすでに導入済みの、多く

の職員が利用する内部事務システムの運用チェックから始めるべきだと考えます。

第 2 節　デジタル社会到来による自治体の変化

1　これから入庁する職員はデジタルネイティブである

POINT	◎ 今後入庁する職員はＺ世代と呼ばれるデジタルネイティブである。
	◎ テレワークの普及により民間企業との人材争いが激化する。

(1)　デジタルネイティブ世代が働きたくなる自治体を目指す

　前節では、国が目指すデジタル社会を実現するには自治体の改革が必要となること、そのためには内部事務の見直しから着手すべきであることを述べました。一方で、職員向けのデジタルツールは職員の負荷軽減のために導入するという誤解のもと、大きな予算を取ることにためらいを感じてしまうという声があることも紹介しました。

　しかし、このような躊躇をしていられない状況になりつつあります。

　私が支援している自治体の経営層や人事部門の方からの情報によると、ここ数年、自治体の新規採用者の募集に対して、応募者が減少している、もしくは合格者の辞退が増加しているということです。私の息子から聞いた話では、「公務員はそれ専用の勉強が必要である」ことや「民間企業の採用が前倒しとなって民間企業から内定を得ると公務員試験を受けない」ことなどが理由にはあるようですが、自治体で働くよりも民間企業で働くことを希望する若者が増えている、裏を返すと「公務員に魅力がなくなってきた」証拠ではないかと考えて

図表 1　過去 10 年間の競争試験における受験者数、合格者数及び競争率の推移

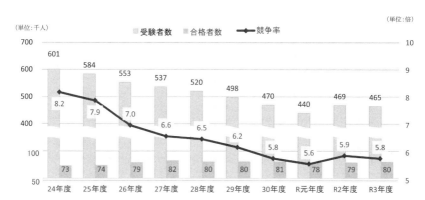

（注）グラフ上の「受験者数」及び「合格者数」について、（単位：千人）で表示している。
（注）本表における「競争率」は、受験者数／合格者数　により算出している。

（出典：総務省「地方公務員における働き方改革に係る状況～令和 3 年度地方公共団体の勤務条件等に関する調査結果の概要～」令和 4 年 12 月 26 日、1 頁）

います。

　報酬面で民間企業に勝ることができなくても、公務員の仕事には公共ならではの魅力があります。次世代を担う若者にその魅力を伝えるためにも、デジタル活用は必須であると考えます。

　今後、公務員の新規採用試験を受けるのは、「Z 世代」と呼ばれるデジタルネイティブの人々です。数年のうちに、自治体のあらゆる職場にデジタルネイティブの人たちが働くこととなるでしょう。

　文部科学省の GIGA スクール構想によって、全国すべての小中学生にタブレット型のパソコンが配備され、義務教育としてプログラミングなどのデジタルリテラシーを学んできた世代の人たちは、論理的な思考を身に付けています。そのこともあり、無駄だと思うことに手を染めたくないという傾向があるともいわれています。さらには人口減少によって同学年の数が減っていくこの世代の人たちに、働く場所として自治体を選んでもらうには、「公共だから安定している」という一昔前の考え方は魅力として伝わりません。デジタルを活用した業

務改革を行って、彼らに「スマートでやりがいのある職場である」ことをアピールし、働き先として選んでもらう必要がある時代となってきたのです。

　デジタルを活用したスマートな社会を実現するためには、それを担うのは自治体職員であるという自覚を持ち、まずは自分たちの職場で実践する必要があります。これから社会に出る若い人たちに「自治体の仕事はやりがいもあり、スマートで魅力的な職場である」とアピールできるよう、積極的にデジタル化に取り組むことが、今現在公務の仕事に就いている職員に求められるのです。

（2）　テレワークの浸透は公務員志望にも影響を及ぼす

　自治体は、国が進めるスマートな社会を実現するためだけではなく、自治体の将来を担う次世代の公務員を確保し続けるためにも、デジタル化による業務改革が欠かせません。これまで都市圏から離れた地方部では、自分の生まれ育った土地に住み続け暮らしたいという若者が一定数存在して、その人たちが採用試験を受けることで、自治体職員の確保が可能でした。

　過疎化が進み労働人口が減っている地域においては、すでに自治体間での優秀な人材の争奪戦が始まっていましたが、それに加えて新型コロナウイルスの蔓延により民間企業にテレワークが浸透し、「国内のどこに住んでいても構わない」という採用条件を提示する企業が出始めると、地方部においては新たに民間企業との競争が始まります。

　地方に住み続けたいという若者にとって、公務員は収入面でも待遇面でも魅力ある仕事であったのですが、大企業がテレワークを前提とした仕事内容で「居住地を問わない」という採用条件を出してきますと、収入面ではかなわなくなるでしょうし、テレワークによるワークライフバランスの実現という条件も、若い人には魅力的に映るでしょう。

　しかしながら、「人の役に立ちたい」という公共の福祉に生きがいを感じる人も一定数は居るはずです。彼らに夢を持って採用試験を受

けてもらうためには、自治体で働く公務員が日頃から生き生きと笑顔で働いていることが大切なのです。

　長時間勤務などで体調を崩し、笑顔も出ない職場であっては、訪れた若者もここで働きたいとは思わないでしょう。公務員が魅力ある職種であるためにも、仕事のやり方を変えて無駄なくスマートに働くことが重要であると考えます。

　以上のように、自治体も、組織として、デジタル化やテレワークの導入について認識を改める必要があるのです。

2　これからは住民もデジタルネイティブが主流となる

POINT
- ◎ 学校で情報を学んだ子ども達が新成人（住民）になってくる。
- ◎ 現在スマートフォンを使いこなしている世代はデジタル派である。

（1）　GIGAスクール構想にみるデジタル人材の育成

　文部科学省がGIGAスクール構想を打ち出した際には、3年かけて小中学生に一人1台のパソコンを配備する計画となっていましたが、2020年に全世界を襲った新型コロナウイルスによるパンデミックによって計画は前倒しとなり、2022年4月の時点では児童生徒へのパソコン配備は100％に近い数字となりました。

　文部科学省が2022年4月に実施した「全国学力・学習状況調査結果」によると、一人1台端末を授業で活用している頻度について、「ほぼ毎日」と回答した学校の割合は小学校の全国平均が58.3％、中学校では55.5％、「週3日以上」との回答も合わせると小学校では85.2％、中学校でも80.7％と全国的に活用が進んでいることが伺え

ます。

　同調査結果をもとに文部科学省が作成した資料（令和4年11月25日4文科初第1664号）によると、東京都や岐阜県など4都県では、日頃から児童生徒にパソコンの持ち帰りを進めている学校の割合が5割を超えていて、臨時休業等の非常時には全国すべての学校で持ち帰り学習ができるようになるなど、家庭でのパソコン利用を進めていますので、今後ますます一人1台端末の利用は進むことと思います。

　GIGAスクール構想では、小中学校でのプログラミング授業や大学入学共通テストで新たに始まる「情報」科目など、ITスキルの習得に目が行きがちです。しかし、一人1台端末配備の狙いは、児童生徒の理解度に合わせた個別最適な学びや一人ひとりの意見・思いを大切にする協働的な学びを実践するツールとして活用することにあることを、忘れてはなりません。その背景には、これからの不確実な社会にあっても情報やデータは大切な資産となることは明らかなので、次世代を担う子ども達が社会に出る際には、それらを正しく扱える「情報リテラシー」を身に付け、世界中で活躍できる人材になってもらいたいとの思いがあるからではないかと考えます。

　デジタルネイティブな「Z世代」に続くのは、GIGAスクール構想によって情報リテラシーを身に付けるであろう今の児童生徒です。次世代を担う今の若者たちが活躍できる社会基盤を整えるためにも、自治体は体質を変えていく必要があるのです。

（2）　住民も自治体DXを待ち望んでいる

　この世に生まれ物心ついた時からICTツールに囲まれていたデジタルネイティブと、時代とともにICTツールを使い始めた世代との間には、大きな溝があるのでしょうか。

　私は現在複数の自治体で、庁舎建て替え計画策定の有識者委員を務めています。庁舎建設は大きな予算を伴いますので、幅広い自治体関係者の意見を聞かなければなりません。どの自治体においても、計画

の初期段階で住民を対象としたアンケートを実施します。近年は庁舎移転を新たな住民サービス創出の機会と捉え、市民活動や防災対策などと同様に、デジタル化についての質問を設けるケースがトレンドとなっているようです。

実施した住民アンケートの結果をみてみますと、「申請や届け出をオンラインでできるようになるとよい」といった質問に対しては、年齢層の低い世代では高い支持が得られている一方で、高い世代では半数程度と支持率に差が出ています。一方、「申請や届け出を本庁舎でない場所でも受け付けられるようになるとよい」という質問では、年齢を問わずどの層においても高い支持を得ていました。また、どの層においても「窓口での待ち時間を減らす」という要望は高い一方で、「新庁舎に望む機能」としては「相談機能」「防災機能」「交流機能」などに比べると、「窓口機能」はさほど高くない傾向にありました。

これらの結果から考察しますと、ICTツールを使うかどうかにおいては世代間のギャップが生じているとしても、どのようなサービスを望んでいるのかについては、個人間の違いはあっても世代間の違いはほとんどないのではないかと考えました。

スマートフォンの所持との関係をみると、世代の違い以上に、スマートフォンを使っているかどうかでギャップが生じていることが読み取れました。現在スマートフォンの所持率は高まっていて、60歳代にあっても半数以上が保持していることと、スマートフォンを手放す人は数少ないという現状を考えると、いずれは大多数の住民がスマートフォンを利用する時代が来ると考えてもよいと思います。

さらにはスマートフォン所持者では、自治体がデジタルツールを活用して新たな住民サービスを生み出すことや、職員が働き方を変えてより高度な仕事を進めることに高い支持を示していました。このことからも、自治体が次世代を見据えてDXに取り組む必要性がみえてくるのではないかと考えます。

ただし、私は「ICTツール＝スマートフォン」だとは考えていませ

ん。自治体がデジタルデバイド（デジタル弱者）対策としてスマートフォン教室を開催したり、スマートフォン購入の補助を行ったりすることを否定はしませんが、スマートフォンありきで企画を進めることには異議を唱えます。

すでに世の中には、スマートフォンを介さずに人間の補助をしてくれるツールは多数出回っています。スマートスピーカーやウエアブルデバイスなどは一般の家庭にも普及が進んでいますし、工場やサービス現場ではセンサーの活用やロボットの利用も始まっています。

私は高齢者や障がい者にスマートフォンなど新たな機器を持ってもらって、そこに入っているアプリを使ってもらうよりも、これまで同様の生活にICTツールが加わること（話しかけたらスマートスピーカーが要望を返してくれる、普段の活動中にスマートウォッチが「休もう」などの助言をするなど）で、より生活の質が高まるような「次世代型デジタル社会」を目指すことが、Society5.0の「誰一人取り残されない、人に優しいデジタル社会」の実現に近づく一歩になると考えています。

3　自治体は20年間変わらない働き方を変える時にきている

| POINT | ○ 職員にパソコンを配備して以降、働き方は大きく変わっていない。 |
| | ○ 現代の生活スタイルにマッチした働き方に変える必要がある。 |

（1）　20年前のパソコン配備から自治体は変わったのか

日本における行政サービス・デジタル化の出発点は、2000年に策定された「IT基本法」とそれに続く「e-Japan戦略」といわれてい

ます。その当時を振り返ると、私は豊島区の情報管理課職員として「パーソナルコンピュータ同士を接続する庁内LANの構築」に取り組んでいました。それ以前に導入されていたホストコンピュータによる大量処理の一括処理化とは違う「1件ごと処理の電子化」が始まろうとしていました。職員の机の上にあった「処理前」「処理済」のレターケースがLANケーブルに接続されたパソコンに置き換わっていったのです。

　これは豊島区役所だけの話ではなく、全国の自治体で同時期に庁内LANの構築が始まりました。このきっかけとなったのは、マイクロソフト社製のOS「Windows2000」の普及です。それまでの「Windows95」「Windows98」が個人向けの製品であったのに対して、組織でネットワークを組んで情報を共有する仕組みに特化したOSの登場が、組織の働き方に大きな変化をもたらしたのです。

　この庁内LANの整備が、自治体職員の働き方に大きな変化を生み出しました。文書作成や表計算などは、その前に普及したワードプロセッサ（通称ワープロ）でも可能でしたが、庁内LANにはファイルサービス機能が含まれていたことから、作成した資料を複数の職員で共有することが可能となりました。また、多くの自治体ではグループウェアを導入したことから、メールサービスや掲示板機能、スケジュール共有機能などを活用することで、それまでは職員間で直接行わなければならなかった連絡や相談、調整といった業務が、相手が不在であっても行えるようになったのです。

　さらには庁内LANがインターネットと接続されたことによって、他の自治体や住民、団体ともメール交換が可能となり、相手の都合を調べずに情報交換が行えたり、ウエブサイト上にある様々な情報を自席に居ながら調べることができるようになったりと、庁内LAN整備は自治体職員の働き方を大きく変える出来事であったことは間違いありません。

　しかしながら、日本における行政サービス・デジタル化が「失われ

た20年」といわれ、この度の「デジタル・ガバメント実行計画」の中に「e-Japan戦略」に掲載されていた行政手続のオンライン化などが今も中心課題として残っているように、パソコンがネットワークで接続されて以降、自治体職員の働き方はほとんど変わっていないと感じています。

　この20年間で人々の生活様式は大きく変わりました。当時は先端技術であったデスクトップパソコンはほぼすべての家庭から姿を消し、タブレットやスマートフォンに置き換わったように、電話も一家に１台の固定電話から携帯電話、そしてスマートフォンへと個人持ちに変わっていき、数多くのAI搭載の家電が家庭にみられるようになりました。これらのことが、道具が置き換わっただけでなく、それらを使った生活様式までも変えたことを、説明する必要はないでしょう。

　一方で、自治体職員の働き方はいかがでしょうか。

　パソコンを軽量化して無線LANを取り入れた自治体が「先進的」といわれているように、多くの自治体では、パソコンを使ったメールによる情報共有と固定電話を使ったコミュニケーションを続けているのではないでしょうか。家庭ではほとんど使われなくなったメール・固定電話・FAXなどを使い続ける一方で、若者が使いこなしている「AIスピーカー」やゲーム機に搭載済みの「メタバース」などのツールを活用している職場は、ほぼ見受けません。

　このような状況で、次代を担う若者が自分の勤務先として自治体を選択するでしょうか。人口減少社会、特に労働人口が減るといわれている近未来において、若者から選んでもらうためにも、今から働き方を変えていく必要があるのです。

（2）　時代遅れの働き方では若い世代から敬遠される

　民間企業などに目を転じますと、この20年の間に、工場ではセンサーが張り巡らされ、外資系企業でなくても、オフィスは「働きやすさ・生産性」を追求して大幅に変わりました。生命保険や損害保険会

社の支店は駅前から姿を消して、「テレワーク」で営業職が客先を回るようになっています。このように民間企業では急速な働き方改革が行われていますが、社員に無理を押し付けているのかというと、そうではありません。

　経済産業省が進めている「健康経営」についての報告書（経済産業省ヘルスケア産業課「健康経営の推進について」令和4年6月）をみますと「健康経営とは、従業員等の健康保持・増進の取組が、将来的に収益性等を高める投資であるとの考えの下、健康管理を経営的視点から考え、戦略的に実践すること」とあります。そもそも「健康」とは、WHOの定義に「肉体的にも、精神的にも、そして社会的にも、すべてが満たされた状態にあること」（日本WHO協会訳。出典；公益社団法人日本WHO協会のWebサイト https://japan-who.or.jp/about/who-what/charter/）とあり、最近ではこの概念をウェルビーイング（Well-being）という言葉を用いて表すことが増えています。

図表2　「健康経営・健康投資」とは

- 健康経営とは、従業員等の健康保持・増進の取組が、将来的に収益性等を高める投資であるとの考えの下、**健康管理を経営的視点から考え、戦略的に実践する**こと。
- 健康投資とは、**健康経営の考え方**に基づいた具体的な取組。
- 企業が経営理念に基づき、従業員の健康保持・増進に取り組むことは、従業員の活力向上や生産性の向上等の組織の活性化をもたらし、結果的に**業績向上や組織としての価値向上へ繋がることが期待**される。

（出典：経済産業省ヘルスケア産業課「健康経営の推進について」令和4年6月、11頁）

　この報告書によりますと、健康経営に取り組んでいる事業者では、離職者の割合が平均よりも低かったり、取組み開始後5年目の売上高営業利益率が伸びたりするなど、ステークホルダーからの信頼・評価を得ることで、結果として株価が全体よりも上がっているというデータが示されています。

　自治体 DX に取り組むことは、民間企業が健康経営に取り組むことと相通じるものであり、決して職員の「犠牲」の上に成り立つものではないと思います。デジタル化による業務効率化（スマートな働き方）によって、そこで働く職員が健康になり、ステークホルダーである住民や事業者と笑顔で接することで信頼・評価を勝ち取り、結果として自治体経営を円滑に進められるようになると考えます。

　自治体の庁舎は災害対策などの面から建て替えが進んでいますが、私の目では残念なことに、多くの庁舎がカウンターを基準とした「昔と変わらない」職場構成になっているように見えてしまいます。民間企業の真似をすることを進めるわけではありませんが、自治体の標準を求めるのではなく、先行している他職種事業者のよい点は積極的に取り入れるべきではないかと思います。

　20 年前、職員にパソコンを配備してネットワークで情報共有を実現して以降、ほとんど変わっていない職員の働き方を変えることが、自治体 DX 推進の第一歩と考えます。自治体がパソコン購入やネットワーク敷設をしたことを、無駄な投資であったと考える住民はいないと思います。そうであるならば、今こそ、経営層は新しい働き方を実現するための投資を行う時ではないでしょうか。デジタルネイティブといわれる若い世代の職員から、どうすれば現代にマッチした働き方が実現できるのか、ヒントを得てはいかがでしょう。

第2章

DXに着手する・進める

第1節　自治体DXを全体最適の視点で考える

1　全体手順書をどう活用するか

POINT

◎「自治体DX」は組織全員が取り組むことである。

◎ 総務省の「自治体DX全体手順書」を有効に活用する。

（1）　これまでの業務改革との違いを認識する

　第1章では、自治体がDXに取り組む意義と背景について、国の動向や社会の変容から説明してきました。この章では、自治体がDXに取り組もうとした際に直面する「どこから手をつけるのか、どんな手順で進めればよいのか」といった悩みを解決するため、総務省が策定した「自治体DX全体手順書」（以下、「全体手順書」という）をベースにわかりやすく説明します。

　全体手順書は、DXを推進するに当たって想定される一連の手順を「ステップ0：DXの認識共有・機運醸成」「ステップ1：全体方針の決定」「ステップ2：推進体制の整備」「ステップ3：DXの取組の実行」と4つのステップで記載しています。私もこれに倣って、第1節ではステップ0とステップ1について、第2節ではステップ2について、そして第3節ではステップ3にある取組みの中でも重点取組事項としてあげられた6つの項目を中心に説明します。すでにこのステップは完了しているとお考えの方も、再認識を兼ねてご一読いただければと思います。

図表1　DX推進の手順

ステップ0　DXの認識共有・機運醸成

- ✓ 自治体は、デジタル社会形成基本法の基本理念にのっとり、自主的な施策を実施する責務を有する
- ✓ DXの実現に向け、**首長や幹部職員によるリーダーシップや強いコミットメントが重要**
- ✓ 首長等から一般職員まで、**DXの基礎的な共通理解**の形成、実践意識の醸成
- ✓ 利用者中心の行政サービス改革を進めるという、いわゆる「サービスデザイン思考」の共有

ステップ1　全体方針の決定

- ✓ DX推進のビジョンと工程表で構成される「**全体方針**」を決定・広く共有
- ✓ 自治体DX推進の意義を参考にしつつ、地域の実情を踏まえて、自団体のDX推進のビジョンを描く
- ✓ デジタル化の進捗状況を確認し、自団体のDXの取組内容、取組順序を大まかな工程表にする

ステップ2　推進体制の整備

- ✓ 全庁的・横断的な推進体制の構築。DXの司令塔として、**DX推進担当部門を設置**し、各業務担当部門とはじめ各部門と緊密に連携する体制を構築
- ✓ 各部門の役割に見合ったデジタル人材が配置されるよう、**人事・研修担当部門との連携**のもと、人材育成・外部人材の活用を図る
- ✓ 所属や職位に応じて身につけるべきデジタル技術等の知識、能力、経験等を設定した**体系的な育成方針**を策定。特に、専門知識を身につけ、中核となって実務を取りまとめることができる職員（「**DX推進リーダー**」）について、人事運用上の取組みや、OJT・OFF-JTによる研修を組み合わせて育成
- ✓ 十分な能力・スキルや経験を持つ職員の配置が困難な場合には、**外部人材の活用も検討**

ステップ3　DXの取組の実行

- ✓ 関連ガイドライン等を踏まえて、個別のDXの取組計画を計画的に実行。「**PDCAサイクルによる進捗管理**」
- ✓ 取組内容に応じて、「OODA※」のフレームワークを活用した柔軟で速やかな意思決定
- ※「Observe（観察・情報収集）」、「Orient（状況、方向性判断）」、「Decide（意思決定）」、「Act（行動、実行）」の頭文字をつないだ言葉で、意思決定プロセスを理論化したもの

（出典：総務省「自治体DX推進手順書の概要」令和5年1月、7頁より抜粋）

　先ず全体手順書の説明に入る前に、自治体 DX とこれまでの業務改革との違いについて説明したいと思います。第 1 章で述べたように、自治体が社会の進展に合わせて業務を効率化し、生み出された人的リソースで新たな行政サービスに取り組む必要性は理解していただけると思います。しかしながら、自治体はこれまでも業務改革に取り組み、効率化を図ってきたことと思いますし、その努力によって一定の成果を上げてきたことは間違いありません。

　これまでの業務改革と自治体 DX との最も大きな違いは、部門単位の取組みか組織全体の取組みかの違い、個人の発想か組織の発想かの違い、端的に言ってしまえば「個別最適か全体最適かの違い」であると考えます。これまでの業務改革では、ある部署のある業務にツールを取り入れて省力化した、申請書や郵送物を見直して対象者の問い合わせを減らした、といった「業務」が見直しの対象であり、そのアイデアは職員から発出されるものが多かったのではないかと思います。

　これに対して自治体 DX は、ツールを導入して複数の業務を省力化する、申請のあり方を変える、自治体全体への問い合わせを減らすといった組織全体での取組みであり、組織の承認を経て複数の部門を対象とします。

　さらには、目指す成果が、業務にかける時間の削減か行政サービスの改善か、という違いがあります。これまでの業務改革では、成果が上がったとしても人員削減につながるまでの効果ではないことから、職員は生み出された時間を本来業務につぎ込んでしまいます。税務業務を例にとりますと、課税計算が効率化され時間に余裕ができたとすると、職員はその時間をより細かな課税処理や滞納者への電話催告などに費やすことが多かったと思います。一方自治体 DX では、生み出された人的リソースを使って、住民や事業者が電子申告するよう促す仕組みを考案したり、税の納め忘れが生じないようなツールの導入検討の時間に充てたり、つまりは新たな行政サービスを生み出すことに費やすことがポイントとなります。

　このように自治体DXはこれまでの業務改革と違って、組織全体で取り組むものであることを再認識してください。

図表2　従来の業務改革と自治体DXの違い

	従来の業務改革 ⇒　個別最適	自治体DX ⇒　全体最適
取組単位	・各課、各部門	・組織全体
取組みの ねらい	・ツール導入による特定の業務の省力化 ・申請書の見直し等による住民からの問い合わせ減少	・ツール導入による関連する業務の大幅な省力化 ・申請のあり方の見直し等により単純な質問への説明時間の削減
目指す効果	・業務にかける時間の削減	・行政サービスの改善

（筆者作成）

（2）　総務省策定の「全体手順書」とはなにか

　自治体DXが組織全体で取り組むものであることから、自治体の首長を始めとした経営層の関与は重要なポイントとなります。当然のことですが、「一部のデジタルが得意な職員が行うこと」といった誤解を解くためには、経営層を含め、すべての職員への周知が必要となります。特に管理職であるマネジメント層は重要なポジションにあり、職員から上がってくる改善提案を実効性のあるものに引き上げたり、DX担当者からの提案を職員に説明・説得したりといった歯車の役割を担うこととなります。

　このように自治体DXに取り組もうとする際には、組織全体への働きかけが必要となり、全体最適の視点で取り組むためには多くの部門の協力も必要になります。つまり自治体DXの担当者・担当部署を立ち上げたとしても、すぐには動き出せないのです。

　「デジタル・ガバメント実行計画」（2020年12月25日閣議決定）に自治体関連の施策が盛り込まれたことから、総務省では自治体が重

点的に取り組むべき事項・内容を具体化するとともに、関係省庁による支援策等をとりまとめて、2020年12月に「自治体デジタル・トランスフォーメーション（DX）推進計画」（以下、「推進計画」という）を策定し、全国の自治体に発出しました。推進計画の中心は自治体が重点的に取り組むべき事項で、またそれを進めるための組織体制についても触れられていますが、担当部署や外部人材の活用といった推進体制についての記載であり、先に述べた全庁への働きかけについては触れられていません。

　デジタル化に関心の高い経営層がリーダーとなり、すでに取組みを進めていた自治体は別として、多くの自治体では推進計画を受けても「どこから手をつけるのか、どんな手順で進めればよいのか」と悩んでしまったのです。特に担当部署に配属となった職員は、自分一人で進められない八方塞がりの状態になったことと思います。

　このような悲鳴に応え、すべての自治体がDXを着実に進められるよう、総務省は2021年7月に「自治体DX推進手順書」を作成しました。その後2022年9月、推進計画の改定と併せて、「自治体DX推進手順書」についても一部改定を行い、全体手順書も発出されました（その後、総務省では「地方公共団体情報システム標準化基本方針」が閣議決定されたことを踏まえ、2023年1月に「2.1版」として改訂版を発出）。推進計画が全体手順書のステップ2の一部とステップ3について記載されているのに対して、全体手順書ではステップ0とステップ1を加えて、「どこから手をつけるのか、どんな手順で進めればよいのか」を示すものとなっています。

　このように、全体手順書はなにから始めればよいかがわからない自治体を対象としていますので、そのような自治体においては、ステップ0から順に着手するのが望ましいのですが、CIO補佐官の任命やRPAの導入など既に取組みを進めている自治体においては、その進捗状況によって必要な手順が異なりますので、それぞれの自治体が必要と考える手順から実施することや、手順の内容を見直すことがあっ

てもなんら問題ありません。一方で既に取組みを進めている自治体に
あっても、全体手順書を参考にすることで、改めて一連の手順に沿っ
て取組みを再構築することも効果的であると考えます。

2　DXの認識共有・機運醸成をいかに図るか

POINT	◎ ステップ0はスタート前の準備活動だけではない。
	◎ 機運醸成は1回で終わらない、継続して何度も繰り返し全職員に行う。

　自治体がDXに着手しようとする際には、DXの意味や取り組むこ
との意義を知る必要がありますが、一部の職員だけが知っていては取
組みを進めることはできません。取組みが単なるデジタルツールの導
入で終わってしまわぬよう、着手前の全庁周知・取組宣言が欠かせま
せん。

（1）　ステップ0とはなにかを考える

　先ず肝心なことは、ステップ0という表現をなに故用いたかという
点です。一般的に手順書と呼ばれているものは、ステップ1から始ま
りますので、ステップ0とは「スタート地点に立つ前に行っておくこ
と」と解釈できます。確かにDXというよくわからない言葉の意味を
知ること、さらにはそれを行おうという気持ちにならなければ、DX
に取り組むことはできませんので、知ることややる気になることをス
テップ0と位置付けることは間違いではないと考えます。

　しかし、総務省はそのことだけでステップ0にした訳ではないよう
です。全体手順書には「なお、『DXの認識共有・機運醸成』につい
ては、DX推進の前提となるものであり、また、取組期間中継続して
実施する必要があるため、ステップ0と表現している」とあります。

つまり「DX の認識共有・機運醸成」はスタートしてからも継続して実施する必要があるので、ステップ 0 にしたということです。

　このことは非常に大切なことであり、私は大いに賛同します。すでにステップ 3 の行政手続のオンライン化や RPA の導入展開に取り組んでいる自治体に伺う中で、それらに取り組んでいる担当部署（事務を管轄している部署）の職員にあっても、DX の意味を知らなかったり、知っていても違う理解をしていたりといった状況に何度も遭遇するからです。その自治体の DX 担当者や経営層の方々は身に付いているとしても、実際の業務に携わる職員がゴールを知らなかったり、変革することへの理解を示していなかったりすれば、正しく進むことが困難となります。

　全体手順書に記載があるとおり、ステップ 1 以降に進んだとしても、「DX の認識共有・機運醸成」は継続して実施すべきで、すべての職員が DX の意味を知り、意識を高める必要があると私も考えます。

（2）　自治体 DX の意味と意義を正しく知る

「デジタル社会の実現に向けた重点計画」（2022 年 6 月 7 日閣議決定）には、「制度や行政手続の存在を前提とし、そのデジタル化自体が目的化すると、本来目指している『利用者の利便性向上』が二の次とされてしまうおそれ」があり、「利用者中心の行政サービスを実現する上で、デジタル化は目的ではなく、あくまでも手段と認識することが重要」との記述があります。DX とは、単に新たなデジタル技術を導入することや業務プロセスの一部をデジタル化して効率化することではなく、デジタル技術やデータを活用して利用者目線で業務改善を行い、住民の利便性を向上させることで、行政サービスの質の向上を図ることです。

　先行している民間企業においても、経営層の理解のもとで DX に取り組んだはずでしたが、デジタルツールの導入に留まってしまい、旧来からのサービス提供に変化がないという事例を多数聞きます。一

方、中小企業にあっても、AIやロボットといった先端技術は取り入れられなくても、新たにクラウドサービスを契約・活用し、蓄積されたデータを分析するなどして、販売網を拡大したり、物販をただ売り渡すのではなく、物販を使った「こと体験」を伴ったサービスを始めたりなど、DXを実現した事例も耳にします。

　デジタルを活用したスマートな社会とは、最先端の技術を用いたロボットや道具がサービスを提供し活躍する社会とイコールではありません。DXも同様に、最先端技術を用いなくても、バックヤードでデジタルツールやデータを活用することで、行政サービスを受ける側が「便利になった、親切になった」と感じてもらえるようになることを目指すものです。

　そのためには、全体手順書にも記載がありますが、利用者中心の行政サービス改革を進めるという、いわゆる「サービスデザイン思考」の共有も忘れてはなりません。行政手続のオンライン化において先行している自治体でも、紙の申請書の項目をそのまま申請画面で入力させるような事例をみかけます。本人確認で得られたデータは入力させない、ラジオボタンやプルダウンでの選択を取り入れて、不必要な項目は出さないようにするなど、利用者が間違わずに入力できる仕組みを考えることがDXの肝となります。

　全体手順書には、利用者中心の行政サービスを提供し、プロジェクトを成功に導くために必要となるノウハウ、「サービス設計12箇条」が掲載されています。

　「DXの認識共有・機運醸成」においては、職員研修が中心になります。その際には「サービスデザイン思考」についても説明するよう講師に依頼すべきと考えます。

　繰り返しになりますが、ステップ0はスタートを切るための準備に必要なだけではありません。ステップ1以降に進んでも、すべての職員がDXの意味を正しく知り、意識を高く持ち続けているかを確認していきましょう。

図表3　サービス設計12箇条

第 1 条	利用者のニーズから出発する
第 2 条	事実を詳細に把握する
第 3 条	エンドツーエンドで考える
第 4 条	全ての関係者に気を配る
第 5 条	サービスはシンプルにする
第 6 条	デジタル技術を活用し、サービスの価値を高める
第 7 条	利用者の日常体験に溶け込む
第 8 条	自分で作りすぎない
第 9 条	オープンにサービスを作る
第10条	何度も繰り返す
第11条	一遍にやらず、一貫してやる
第12条	情報システムではなくサービスを作る

（出典：『デジタル社会の実現に向けた重点計画』令和4年6月、23頁脚注）

3　全体方針を決める際のポイント

POINT

◎「自治体DX」で目指すビジョンを持つことを忘れてはならない。

◎「OODA（ウーダ）ループ」のフレームワークとアジャイル型の進捗管理でDXを進める。

（1）　全体方針に盛り込むビジョンとは

　ここからは全体手順書で「ステップ1：全体方針の決定」と記されている手順について説明していきます。ステップ0でDXについて知ることができ、自治体もDXに取り組まなければならないと意識を高められたところから、自治体でのDXへのチャレンジが始まります。とはいっても、なんの計画もなく予算化はできないでしょうし、足並みを揃えるためには順番を組み立てることが必要です。

　全体方針とは正に第一歩を踏み出すための設計書であり、皆が同じ方向を向くための指針です。多くの自治体においては、これまでも業務改革方針や情報化計画といった DX と同様の計画が存在しているでしょうから、「屋上屋」になってしまうと必要性を疑う意見が出てくるかもしれません。しかし、私はこれまでの計画とは別に今回自治体 DX 全体方針を策定する最も大きな理由は「ビジョンを作り直す」ことにあると考えます。

　全体手順書には「全体方針は、新たに決定される場合、既存の情報政策に関する方針を改定する場合、戦略といった名称とする場合など各自治体において様々な方法等が考えられる」とありますので、必ずしも新たに作る必要はないのですが、既存の方針があっても「改定する場合」と書かれている背景には、これまでの情報化の方針と自治体 DX とは最終ゴールが違ってくることがあるからです。

　情報化の計画はデジタルツールの導入が主な目的であり、目指すゴールはデジタルを活用した行政運営・行政サービスであると思います。しかし、この章の冒頭で述べたように、これまでの業務改革と自治体 DX とは手法も目指すゴールも違っています。自治体 DX のゴールが業務の効率化でもデジタルツールの活用でもなく、利用者中心の行政サービスの改善にあるのですから、既存の計画があるからといって、そのまま自治体 DX に取り組み始めてしまうと、進むべき方向性を見失って、業務効率化やデジタルツールの導入で終わってしまう危険性があるのです。

　多くの有識者が「自治体 DX に取り組むに当たって最も大事なことはビジョンを作ること」と言っている理由がここにあります。政府は、デジタル改革関連法案提出にあたって発出した「デジタル社会の実現に向けた改革の基本方針」において、目指すべきデジタル社会のビジョンとして「デジタルの活用により、一人ひとりのニーズに合ったサービスを選ぶことができ、多様な幸せが実現できる社会」「誰一人取り残されない、人に優しいデジタル化」を示しました。現在もすべての

関係者がこのビジョンの達成に向かって取組みを進めています。

　自治体においても、その特徴を活かした自治体DXで目指すべきビジョンを打ち立てるべきであると考えます。全体方針の中にビジョンが掲げられていることによって、職員が同じ方向を向いて取り組むことができ、住民にも自治体が目指す姿を理解してもらえるのではないでしょうか。

（2）　全体方針に工程表は必要か

　全体方針の決定に際してビジョンが重要であることを述べてきましたが、もう一方の工程表については、私はあまり強くお勧めはしておりません。といいますのは、ビジョンは目指すべきゴールであり、そう簡単には変えられないものであるのに対して、工程表はゴールに近づくための順番を示すもので、社会の変化や財政状況によって見直しを余儀なくされるものであるからです。

　豊島区役所の情報管理課長時代から現在に至るまで、数多くの情報化計画の策定に携わってきましたが、3年先の未来を見通すことさえもむずかしく、工程表通りに進んだ計画は皆無といってよいでしょう。無難な工程表として、5年間ずっと「検討」で横引きされている、「○年導入・翌年からは「運用」」が横引きされているといった工程表も目にします。これでは「導入時以外はなにもしませんよ」と言っているに等しく、魅力ある計画にはなりません。

　全体手順書には「推進計画が令和7年度末までの計画とされていることを踏まえて」、同期間までの工程表を作るよう促していますが、私は全体方針についての相談が来た際には「先ずは自治体DXに取り組むという宣言と、最終ゴールであるビジョンを示して、工程表については情報化計画に盛り込んでもよいのでは」と助言しています。

　さらに合わせて助言していることとして、全体手順書の第5章、ステップ3で触れられている「OODA（ウーダ）ループ」のフレームワークを活用し、アジャイル型の進捗管理を行うことがあります。

　全体手順書の説明文を引用しますと「「OODA」とは、「Observe（観察、情報収集）」、「Orient（状況、方向性判断）」、「Decide（意思決定）」、「Act（行動、実行）」の頭文字をつないだ言葉で、意思決定プロセスを理論化したものである。PDCAと異なり、計画を立てるステップがないため、スピーディーな意思決定を行うことを可能とする」とあります。もう一方のアジャイル型とは、「俊敏な」を意味する開発手法で、従来型のウォーターフォール型が「設計」「プログラミング」「テスト」と各工程を着実にひとつずつ進めていく手法であるのに対して、アジャイル型はプロトタイプという試作品を作っては評価し、何度も改良を加えて仕上げていく手法です。

　これまでの自治体では、計画をしっかりと立てて、計画に沿って進めることをよしとしていましたが、新型コロナウイルスの蔓延がわずか数年で社会のあり方を変えたように、大規模災害や次のパンデミックを考えると、スピーディーな意思決定を可能とする細かな進捗管理が必要になってくるのではないでしょうか。

　取組みの手順を示すことは重要ですので、工程表の作成は外すことはできませんが、全体方針に盛り込まなくても、情報化計画などで示すべきでしょう。

　工程表に縛られて、社会から取り残されるようなことがあってはいけません。「OODA（ウーダ）ループ」のフレームワークとアジャイル型の進捗管理を取り入れて、柔軟かつスピーディーな意思決定で自治体DXを進めましょう。

<table>
<tr><td>第 2 節</td><td>自治体DXの推進体制を
整備する</td></tr>
</table>

1　庁内の組織体制を整える

POINT	◎ 情報政策の担当者任せにしてしまっては成功しない。 ◎ 所管部門の協力を得るにはCIOのマネジメントが重要 　な要素となる。

　自治体がDXに取り組み始めると、顕在化してくるのが推進体制の問題です。DXはすべての部門にかかわる問題です。これまでの担当部門の理解を得つつ横串をさす、これをどこの部署がどのように実施するのか、この問題を解決しないとDXは進められません。

（1）　DX推進部門はどこに置くべきか

　全体手順書では、自治体DXに取り組む手順として、ステップ1としてビジョンと工程表を含んだ全体方針を決めることを掲げており、その次のステップ2で推進体制の整備をすることとされています。確かに目指す姿が定まらないと、推進体制も構築できないのが正しい考え方ではありますが、一方でビジョンや工程表は誰が作るのかという疑問も生じますので、先に担当部門を立ち上げてから全体方針の策定に入る自治体も少なくないようです。

　CIO補佐官の任命や全体の底上げを図るための研修実施などは、全体方針が明確になってから取り組む事項であると考えますので、全体手順書の順番は間違っていないと考えます。しかしながら自治体の性格上、どんなに関心の高い経営層がいても、その人物が一人で全体

方針を策定することは不可能です。それを考慮しますと、ステップ1の全体方針策定に当たっては、仮でもよいので全体方針策定担当を任命することとなるのではないかと考えます。

　全体方針の策定がなされる前に担当を選ぶなら、情報担当者が任命されるのは仕方のないことだと思います。なぜなら、情報担当者は情報化計画などの策定において、デジタルツールの活用による業務改善を目指してきていて、自治体DXではもう一歩先の行政サービスの改善にまで視点を伸ばせばよく、全体方針の策定はこれまでの業務の延長上に当たる作業であるからです。総務省においても2020年の自治体DX推進計画の策定を自治行政局の情報政策担当が担ったように、ステップ0とステップ1の段階では、情報担当者がその役割を担うことは必然なのかもしれません。

　しかしながら、情報担当者がそのまま自治体DX推進の担当となるべきかといえば、私はステップ2の段階で改めて検討すべきであると考えます。

　全体手順書では「DX推進担当部門には、積極的にデジタル技術やデータを活用して自治体行政を変革していくDXの司令塔として、企画立案や部門間の総合調整、全体方針や個々のDXの取組の進捗管理等を行うことが期待される。こうした役割は、従来の情報政策担当部門が担ってきた情報システムの構築・維持管理に係る業務や情報セキュリティに係る業務とは異なるものである。情報政策担当部門が担ってきた業務を引き続き適切に実施する必要があること、DX推進担当部門の役割・業務の重要性を踏まえると、DX推進担当部門は情報政策担当部門と別に設けることが望ましい」とあります。

　私は常々「DX推進担当は情報担当と改革担当とが一緒になるのが望ましい。組織としては改革部門に寄せるべきである」と言っています。その理由は、情報部門を強化したとしても、当該自治体職員は「これまでのデジタル化の延長」と捉えがちであるのに対して、改革部門に情報担当が加わると「行政改革をデジタルで補強する」という形に

なり、DX本来の意味を理解してもらえるからです。

　いずれにしても、DXに取り組む意義が理解され、全体方針が定まったあたりで、DX推進担当について検討すべきであると考えます。先行している自治体においても、「DX宣言」などを発表した後にDX推進部門を立ち上げた例は複数あります。小規模自治体でも担当課長や担当係を作るなどの例がありますので、参考になると思います。

　ただし、私は「情報政策担当部門と別に設ける」際には、両部門の指示命令系統について考慮すべきだと考えます。情報政策は総務系、DX推進は企画系と完全に分かれてしまうと、俊敏性が失われるという例を実際にみてきました。DX推進において、情報政策は切っても切れない関係ですので、お互いが見える関係を保つことが重要です。

（2）　所管部門との連携がなによりも重要

　ステップ2で私がなによりも重要だと考えるのは、部門間の連携をどのように図るかということです。自治体DXの成否はここに大きく左右されると思っております。

　DX推進部門と情報政策部門との連携は言うまでもありませんが、本来部門間の調整を担う役割を持つ企画部門や次項で解説する人材育成を担う人事部門、さらには広報部門や法規部門など、自治体DXの推進にはありとあらゆる部門との調整が必要です。特に最初の段階では、内部事務の見直しを中心とした職員の働き方を変えることがどの自治体でも必須事項となるため、すべての部門を巻き込まないと行政サービスの変革はできません。

　その調整役となるのは、DX推進部門に他なりませんが、同じ職員同士ですから言うことを素直に聞いてくれるかというとむずかしいこともあるでしょう。特に管理職員や年配者からの反対意見には対処に困ることも多いのではないかと思います。自治体DXの成否の大きな分岐点となることは間違いありません。

　私が豊島区役所で多くのICTツールを導入して働き方を大きく変

えることができたのは、トップである区長を始め経営層のバックアップがあったからです。決裁の電子化や固定電話を廃止してIP化することなどでは、一部の管理職員からの慎重意見や反対に対して、最後は区長が進める判断を下したおかげで、中途半端な形ではなく全面導入を実現することができました。

　このように、所管部門との調整を構築する際には経営層のマネジメントも重要な要素となります。なかにはデジタル化に後ろ向きな首長もいるとは思いますが、そのためにもCIOをしっかりと任命すべきです。

　全体手順書には「CIOは、言わば庁内マネジメントの中核であり、庁内全般を把握するとともに部局間の調整に力を発揮することができるよう、副市長等であることが望ましい」とあります。CIOに外部の人材を活用する自治体も見受けますが、部局間の調整に力を発揮するという役割があるからには、内部の人材が適していると考えます。

　先ずは内部の体制を整えて、最終判断を下せるCIOを任命することで、自治体DX推進の最大の課題ともいえる部門間の調整を進めてはいかがでしょうか。

2　DX推進のための人材育成

POINT	◯ リーダー役は組織として計画的に育てなければいけない。 ◯ 職員全員がデジタルリテラシーを身に付ける。

(1)　リーダーとなる人材を育てる

　部門間の連携を図ることにも通じますが、DXの推進を図るにはDX推進部門の職員だけが頑張ってもうまくいきません。自治体とい

う組織の中で、いかに多くの職員がDXに理解を示し、職場のデジタル化に寄与できるのかが重要な要素となります。とはいってもいきなり多くの職員の意識を変えることは困難でしょうから、少しずつでもDXに積極的に取り組む職員を増やしていくことが現実的であると考えます。

　全体手順書には鹿児島県の自治体が「各課の係長級以上の職員1名をデジタル推進課に併任することにより緊密な連携を図っている」という事例が掲載されています。私も豊島区の情報管理課長時代に、教職員が使う校務系ネットワーク構築のプロジェクトが立ち上がる際に、教育委員会の職員を情報管理課兼務にしてもらいました。情報管理課の打ち合わせにも参加して私の指示を直接聞いてもらえることで、緊密な連携が図られ、プロジェクトが順調に進んだという実績があります。この手法を用いることは、DX推進の仲間を増やす狙いとして有効であることは間違いありません。

　しかしながら、多忙を極める各職場から1名を兼務にするという手法は、送り出す側の抵抗が強く、職員数の多い自治体にあっては所属長の理解を得るのに困難を極め、本来業務さえも兼務で進めなければならない小規模自治体にあってはなおさらのことであり、それこそトップダウンの指示がないと実現はむずかしいでしょう。このこともあり、私は支援している自治体に「各課で課内のDX推進担当を選出する」方法を推奨しています。

　実際にこの手法を採用している自治体は増えてきていると思いますが、できれば選出に当たっては条件を付けるとよいと考えます。過去に、情報担当の職員を選出するようなケースにおいて、デジタルに詳しいであろうということで、採用間もない職員ばかりが選出されたという事例もありました。しかし、今回はDXの担当ですから、採用間もない職員では改革を進めるには荷が重すぎます。全体手順書の事例にあったように「係長級以上の職員」や「3か所以上の職場勤務を有する職員」などの条件を付けた上で募集をかけるのがよいと思います。

　中には DX 推進部門のほうから職員を指名するという手法を取った自治体もあります。ある程度の職員数で、誰もが顔見知りという自治体であればそういった手法もありかもしれませんが、指名された職員が課内で浮いてしまう危険性があると思います。職場の代表は職場に選んでもらうことで、所属長も責任の一端を担うこととなります。私は「DX に関する相談は課の担当職員と行うこととする」といった条件を付けることで、職場の代表選びを真剣に行ってもらえるのではないかと考えます。

　2023 年 1 月の全体手順書の改定版には、自治体（主に市町村）におけるデジタル人材の確保・育成の全体像のイメージとして「参考 4.4-①」の図が加わりました。組織の中から複数の職員を DX にかかわらせ、その職員にデジタルスキルを身に付けてもらうことで、DX 推進のリーダーに育て上げることができます。外部の人材を活用して DX の推進を担わせることも可能ですが、長期的視野で考えるとリーダー役を順次育てていくことが組織にとって有効ではないかと思います。

（2）　職員全体の底上げを図る研修計画

　中堅以上の職員を DX 推進のリーダー役として育成することはとても重要なことですが、自治体 DX はすべての職員にかかわる行政サービスの変革です。リーダー役以外の職員にも自治体 DX に参加するという意識を持ってもらう必要があります。

　私はこれまで DX の相談を受ける中で、必ず「経営層と管理職員への研修を先ず行う必要がある」と言っています。それが実施されていない自治体に対しては、研修講師を引き受けてきました。経営層に対して DX の意味を教え、自治体が DX に取り組む意義を伝える必要性については、第 1 節で述べました。つまり経営層への研修はスタートラインに立つことと同等であるということです。

　一方の管理職員への研修は別の意義があると考えます。自治体が DX に取り組む意義を知ってもらうことは当然必要ですが、私は管理

図表 4　市町村におけるデジタル人材の確保・育成の全体像（イメージ）

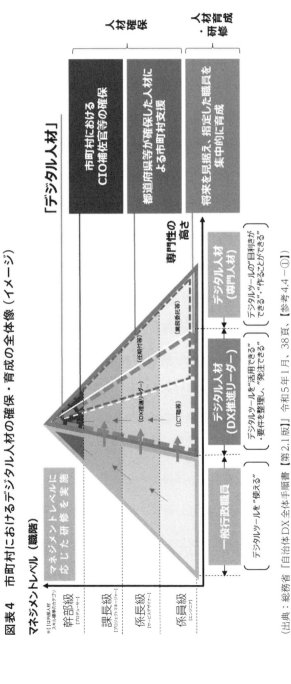

（出典：総務省『自治体 DX 全体手順書【第 2.1 版】』令和 5 年 1 月、38 頁、【参考 4.4 － ①】）

44

職員には「自治体DXの承認役」として活躍してもらうことを期待しています。自治体がDXに取り組み始めますと、部下の職員やDX推進部門から様々な改善提案が出てくることと思います。また他の部門の取組みが自部門に影響してくることもあるでしょう。そういった際に管理職員の承認が必要となります。

　自治体の特徴として、管理職（特に課長職）は裁量権限が大きく、他部門からの提案は管理職員の承認なしでは進められません。逆に、全庁で使えるツールを導入しても、管理職員が「自部門では利用しない」と拒否することも可能です。

　このように、自治体がDXを進めるには管理職員の理解が必要となります。ただし、職員からの提案をすべて受け入れればよいというわけではありません。職員からの提案の中には「自分の業務は省力化されるが、他の業務にしわ寄せが生じる」といったものも出てくるでしょう。様々な部門を経験し、広い視野を持っている管理職員には「全体最適」の視点で改善提案へのアドバイスをしていただきたいと思います。頭ごなしに否定するのではなく、どうすれば多くの職員が恩恵に与れるようになるか、そのような視点を持っていただくためにも、先ずは管理職員に自治体DXの意義を知っていただきたいのです。

　そして、全体手順書のステップ2として推進体制を整備し、すべての職員の底上げを図る取組みへと広げていく必要が生じます。この際に大事なことは、大多数の職員は自治体DXの意味や意義を知ったからといって、直ぐには動けないということです。

　多くの職員は、日頃から業務の効率化や省力化ができないかという視点を持って働いていると思います。今こそ効率化を図るべきといわれても、新たになにに手をつけてよいか迷ってしまいます。当然DXや国が掲げる重点取組事項の知識は得てもらうとしても、職員にはデジタルに関する知識を身に付けてもらうよう促すことがポイントではないかと考えています。

　1990年台後半から2000年台初期には、パソコン操作や表計算な

どの研修を自治体が企画し勤務時間内に受講することが可能でしたが、昨今ではデジタルスキルは自分で身に付けるものとの風潮から、勤務時間外に自費で受講するようになってしまいました。ある自治体が職員研修の一環に文書作成や表計算ソフトの操作研修を企画したところ、希望者が殺到して抽選になったという話を聞きました。パソコンのショートカットキーや最新の機能を知ることで、大幅な省力化が図られたという事例も聞いています。職員全体の底上げを図るためには、今一度デジタルリテラシーとはなにかを考えてみるといいと思います。

　なお、その際には職員研修を企画する人事・研修部門にも参加を求めることを忘れてはなりません。総務省もその点を意識して、2023年1月の全体手順書改定版では研修担当部門の役割を加えています。

　また「職員にどのようなデジタルスキルを身に付けさせるべきか」という質問を多くの自治体からいただきます。私は「すべての職員に高度なスキルを求める必要はない」と答えています。これまでの業務改革と自治体DXとの違いを述べてきましたが、違いのひとつにあるのが「DX担当職員の支援」です。

　これまでの業務改革では、自身の業務は担当部署の職員が効率化・高度化してきましたが、DXではデジタルに詳しい職員の知恵を借りて改善の方法を考えます。とはいえ、担当職員が多数の業務にかかわっていては効率が悪いことから、先に述べたリーダー役を育てる必要があるということに結び付くのです。

3　外部の力を活かす

POINT

◎ CIO補佐官はより広い分野に意見・助言ができるポジションに就ける。

◎ 外部人材の活用はCIO補佐官の採用に留まらない。

◎ 自治体DXは自治体職員だけで行う必要はない。

（1）　国はなぜCIO補佐官の任用にこだわるのか

　2022年9月に改定された推進計画と全体手順書ですが、改定内容で目についたのは外部人材の活用です。この背景には、自治体がDXに取り組む際には内部の体制整備だけでは厳しいという実態が顕在化してきたことと、国や都道府県などで外部人材を確保するための制度が整い始めたからではないかと考えます。総務省の調査では、都道府県で36団体、市区町村で345団体がDXを推進するための外部デジタル人材を活用しています（「自治体DX・情報化推進概要について」2023年4月28日）。

　ご存じのとおり、国では2021年度から、市町村がCIO補佐官等として外部人材を任用する場合の経費について財政措置（特別交付税（措置率0.5））を講じました。また、2022年6月に閣議決定された「デジタル社会の実現に向けた重点計画」には、「デジタル庁及び総務省は、都道府県と連携して、複数市町村での兼務を含め、デジタル人材のCIO補佐官等としての任用等が推進されるように支援する」とあります。国はなぜ、CIO補佐官の任用にこだわるのでしょうか。

　全体手順書には「限られたデジタル人材を有効に活用して、自治体のDX推進体制を強化するためには、CIOのマネジメントを補佐することにより、全庁的に任用等の効果が発揮されることを期待できるCIO補佐官等での配置が有効と考えたためである」とあります。つまり、数少ないデジタル人材を獲得するのであれば、一部の事業や業務に充てるのではなくより広い分野に意見・助言ができるポジションに就けることで効果が発揮できるから、と読み取れます。そうであれば、CIO補佐官に相応しい人材とは、特定のスキルに特化した人材ではなく、高い視点から全体を俯瞰して「全体最適」を考えることのできる人材でなくてはなりません。総務省では「自治体DX推進のための外部人材スキル標準について」とその「解説書」を2022年に発表しました。解説書では外部人材の任用形態や募集の方法についても

様々な事例が掲載されていますので、参考にすることをお勧めします。

　一方で「CIO 補佐官として任用されたが情報システムの運用・保守しか担っていない」といった話も聞きます。全体を見渡せるポジションを用意したのなら、それに相応しい仕事を任せないと変化は起こせません。経営層との定期的な意見交換の場を用意すべきと考えます。

　また、全体手順書では「各自治体において、必要に応じて CIO 補佐官等以外のポストで外部人材を任用することも可能であり、妨げられるものではない」とありますし、「自治体 DX 推進のための外部人材スキル標準解説書」では「プロデューサー（CIO 補佐官等）」の他に「プロジェクトマネージャー」「サービスデザイナー」「エンジニア」の 3 つの人材像について、役割と必要なスキルが記述されていますので（同解説書 6 頁以降）、自組織に足りない人材を外部に求めることも検討してください。

（2）　シェアリングエコノミーで自治体 DX を進める

　ここまでは外部人材の任用について述べてきましたが、誰もが認めるとおり、日本においては官民問わずにデジタル人材の不足が問題となっています。給与をはじめとした待遇面では民間企業に見劣りしてしまう自治体において、外部のデジタル人材を確保することはますます厳しくなることと思います。

　業務委託ではなく任用にこだわるのであれば、任用形態に柔軟性を持たせる必要があります。フルタイム勤務の条件では応募が少ないとしても、兼業・副業を認める企業が増えてきていることから、特別職非常勤職員として募集をかけることで、民間企業で働くデジタル人材を任用することも可能となります。公平性・中立性の確保に気を配る必要は生じますが、民間企業のデジタル化への取組み状況などを知ることができるのは大きなメリットではないでしょうか。

　また、任用はしたものの、退屈させないよう仕事をわざわざ作っているという話を聞いたことがあります。柔軟な働き方を取り入れて

DXを進めるためにも、テレワークなどを駆使して、必要を感じた時に助言が求められるような任用形態を探っていくべきです。

その際には全体手順書にある「外部人材のシェアリング」は参考とすべき考え方です。民間企業とのシェアリングのメリットを述べましたが、外部人材が複数の自治体に携わっている場合には、外部人材を通じて他の自治体の情報を入手することが可能となります。私も2022年度は12の自治体と直接契約を行い20以上の自治体にアドバイザーとして訪問しましたので、多数の自治体の情報を持ち合わせています。公表されている資料を紹介したり自治体名を伏せて状況を伝えたりなど、守秘義務を守りながらこうした長所を活かしています。特にある県内の同じ地域の2つの自治体でCIO補佐官を務めているケースでは、お互いが顔の見える関係となり、一方のよい取組みをもう一方が取り入れるなど、切磋琢磨しながらデジタル化を進めています。

全体手順書には都道府県と連携中枢都市圏の事例が掲載されていますが、複数名の人材を地域でシェアすることにより、外部人材から入手した情報をもとに自治体の担当者間で情報交換する中で、新たな活用方法を見出すなどのメリットが生まれるものと考えます。

なお、外部人材の活用という面では、任用にこだわる必要はないということがあります。自治体には様々な組織・人的リソースがあります。地元の企業だけでなく、大学や専門学校、一口に団体といってもNPOやサークルなども含まれます。それらを自治体の人的リソースと捉えると、数多くの分野があり、さらには関係人口も含めるととてつもなく大きな広がりを感じることでしょう。

DXとはデジタル技術だけで考えるものではありません。行政サービスはありとあらゆる分野に及びますので、今ある行政サービスをデジタル技術とかけ合わせることで、どのような変化が生まれるでしょうか。この変化を生み出すには様々な意見・助言が必要です。

自治体が持っている多種多様な人的リソースを活用して、自治体DXを進めるべきだと考えます。この点は第4章でも説明いたします。

第3節 | 自治体DXの取組みを進める

1　6つの重点取組事項を整理する

- ◎ 6つの重点取組事項は並列ではなく、手順を考えて取り組むことが必要である。
- ◎ 重要なのは情報システム標準化で、肝は行政手続のオンライン化である。

　自治体がDXに取り組み始めると、複数の部門から様々なツール導入の要望が出てきます。それらを統制なく進めてしまうと、利用者である住民には使いにくく、行政側には無駄な投資となる危険性が生じます。全体最適の視点がここでも重要です。

（1）　重点取組事項のポイントを整理する

　全体手順書ではステップ3となるDXの取組みの実行については、他のステップと比較すると分量が少なくなっています。つまりこのステップまで来たならば、後は実行あるのみだということでしょう。全国すべての自治体が一日も早くこのステップに入ることを期待するばかりです。

　そこで本節では、推進計画にある6つの重点取組事項を前半で、同計画に掲載されている重点取組事項以外の項目について後半で、それぞれ説明します。

　推進計画にある重点取組事項とは「自治体の情報システムの標準化・共通化」「マイナンバーカードの普及促進」「自治体の行政手続のオン

ライン化」「自治体の AI・RPA の利用推進」「テレワークの推進」「情報セキュリティ対策の徹底」の 6 つです。2022 年 9 月の改定においても全項目そのままでしたので、この間に大した動きがなかったかのようにみえてしまいますが、推進計画の本文を読みますと、かなり文章が置き換わっています。先ずは 6 つの事項にどのような変化があったのかを説明いたします。

①　自治体の情報システムの標準化・共通化

　2022 年 9 月の改定で最も大きく変わったのは、本事項の内容です。対象となるシステムが当初の 17 から 20 に増えたこともありますが、当初の内容が「地方公共団体のデジタル・ガバメントを支える情報システム等を個別に整備することは非効率であることから、今後は、地方公共団体における情報システム等の共同利用を推進していくべきである」と、情報システムの共同利用を進めるために業務プロセスや情報システムの標準化が求められていたのに対して、改定では「地方公共団体の職員が真に住民サービスを必要とする住民に手を差し伸べることができるようにする等の住民サービスの向上を目指すとともに、業務全体に係るコストを抑え、他ベンダーへの移行をいつでも可能とすることにより競争環境を適切に確保する等の行政の効率化を目指し、業務改革（BPR）の徹底を前提にして、地方公共団体情報システムの標準化に関する法律（中略）への適合とガバメントクラウドの活用を図る、地方公共団体の基幹業務等システムの統一・標準化」とあるように、住民サービスの向上と行政の効率化のために行うこととなりました。

　この背景には、「地方公共団体情報システムの標準化に関する法律」ができたことと、「ガバメントクラウド」の存在が明確になったことがあります。一言で説明するならば、これまでの業務プロセスや情報システムのスタンダードを探るのではなく、業務改革による新たな業務プロセス・情報システムに変えていく、という宣言ではないかと捉えています。

51

②　マイナンバーカードの普及促進

　この事項についても大幅な変更が加えられました。当初は「デジタル化を進める上で重要なのは、住民の本人確認をオンラインで行うことである。市町村長による確かな本人確認を経て発行される最高位の公的な本人確認ツールであるマイナンバーカードの普及拡大が社会全体のデジタル化のカギを握っていることから」カードの発行事務を担う自治体も国に協力すべきであるとの立場でしたが、デジタル田園都市国家構想基本方針において、「デジタル社会のパスポート」として位置付けられたマイナンバーカードを自治体は単に発行するだけでなく、「オンライン市役所サービス」や「市民カード化」を進め、利活用の拡大も図らなければならない、とされました。自治体の立場が国への協力から利活用策の考案へと大きく変わったのです。

③　自治体の行政手続のオンライン化

　この事項も内容が大きく変わりましたが、私の理解では、行政手続の対象が「ぴったりサービス」等で行う個人を対象とした手続きであること、マイナポータルを通じた手続プロセスへの誘導にこだわりを持っていることから、自治体の関与の点では大きな変化はないと受け止めました。私は各所で「この事項は個人を対象とした手続きに留まらず、事業者や団体などを対象としたあらゆる手続きも含むべき」であると訴えています。事実として、年に 1 度か 2 度ほどしかない個人の手続きをオンライン化することと、毎月のように行っている団体向けの手続きをオンライン化するのとでは、申請者のサービス向上という面でも、オンライン申請率の向上という面でも、後者のほうが効果は高いと考えます。

　その点では、2021 年 11 月に岸田内閣の下で設立されたデジタル臨時行政調査会が 2022 年 6 月に公表した「デジタル原則に照らした規制の一括見直しプラン」の内容が、改定後のこの事項に掲載されたことは、「規制の見直しによって、あらゆる手続きのオンライン化が可能になり、行政手続のコストが削減されることで新たな効果が生まれ

る」という私の主張に近づいたのかもしれません。

④　自治体のAI・RPAの利用促進

この事項については、本改定においては導入団体数などが最新の値に替わった程度で大きな変更はありませんでした。私は総務省が行ったこれらの事項の実証事業やガイドブックの策定などに有識者としてかかわってきましたが、推進計画に留意事項として記載のある「自治体の定型的な業務の効率化については、業務プロセスの見直しや情報システムの標準化・共通化など、根本的な対応策を検討し、その上でRPAの利用による自動化を行うことが有効である」という部分は不変ではないかと感じてきました。

今後、AIやRPAツールが普及して、小規模自治体における導入の垣根が低くなったとしても、これまでの業務プロセスに組み込もうとすると、本来の機能に無理が生じ、カスタマイズの発生に繋がってしまいます。これらツールの導入と業務プロセスの見直しはセットであることを忘れてはなりません。

⑤　テレワークの推進

この事項についても大幅な変更はありませんでした。ただし、当初の公表時は、新型コロナウイルス対策において、人との接触を避けるという感染拡大防止が目的の一つになっていましたが、改定においては「重大な感染症や災害発生時には、行政機能を維持するための有効な手段となる」とBCPの観点から導入を促しています。

私は総務省が2021年4月に公表した「地方公共団体におけるテレワーク推進のための手引き」の策定に関与しました。その際に「在宅勤務だけでなく、サテライトオフィス勤務やモバイルワークも含め」という文言を追加するようお願いしました。それが今回の改定にも生かされています。基礎自治体においては多くの業務で個人情報を扱いますので、その点がテレワーク普及のネックになっていましたが、総務省の通知では、通信環境や執務環境が整備されたサテライトオフィス（支所や公民館など）においては、個人情報の取扱いも可能とされ

ています。まずは支所などでのテレワーク環境整備を進めていただき
たいと思います。

⑥　情報セキュリティ対策の徹底

　この事項については、従来から「三層の対策の見直し」は含まれて
いましたが、「デジタル社会の実現に向けた重点計画」に「インフラ
の検討に当たっては、「三層の対策」の抜本的な見直しを含め、ガバ
メントクラウドの活用を前提とした新たなセキュリティ対策の在り方
について、常時診断・対応型のセキュリティアーキテクチャの採用も
見据えながら、政府における実証研究を含めた技術的検討及び各地方
公共団体の取組状況を踏まえて、国・地方を通じたネットワーク環境
と統合的に検討を進める」とあり、ガバメントクラウドの活用を前提
として、国との情報連携を見据えた新たなネットワーク環境・セキュ
リティ対策を検討することとなりました。

　なお、「常時診断・対応型のセキュリティアーキテクチャ」とは「ゼ
ロトラスト型セキュリティ」（トラストとは「信頼」、すべてのアクセ
スを信頼せずに都度診断するセキュリティ手法）とも呼ばれていま
す。いずれにしても、ガバメントクラウドへの移行を機に、自治体の
情報セキュリティ対策やネットワーク構成が変わることを示唆してい
るのです。

(2)　重点取組事項にも手順は必要である

　重点取組事項それぞれについての、2022年9月の改定内容は本文
から読み取れましたが、私はもうひとつ重点取組事項についての変化
をみつけました。それは本文と同時に公表された「概要版」という推
進計画の内容を1枚のスライドで表した資料を比較しますとよくわか
ります。

　改定前の概要版では6つの重点取組事項は並列に記載されていまし
たが、改定後の概要版では並列ではなくなったのです。具体的には
「AI・RPAの利用推進」と「テレワークの推進」が同じ行で表され、

注釈として「②〔マイナンバーカードの普及促進〕、③〔行政手続の
オンライン化〕による業務見直しなどに併せ導入・活用を推進」とい
う記述があります（〔　〕内は筆者注）。私はこれを「それぞれの事項
にバラバラに取り組むのではなく、関連付けて、手順を考えて取り組
むべきである」とのメッセージではないかと捉えました。

図表5　6つの重点取組事項

■**重点取組事項（※）自治体の業務システムの改革**
① 自治体情報システムの標準化・共通化
　・2025年度までに基幹系20業務システムを標準準拠システムへ移行
② マイナンバーカードの普及促進
　・2022年度末までにほぼ全国民に行き渡ることを目指し申請・交付促進等
③ 行政手続のオンライン化
　・住民に身近な31手続をマイナポータルでオンライン手続可能に
④ AI・RPAの利用推進、⑤ テレワークの推進
　・②、③による業務見直しなどに併せ導入・活用を推進
⑥ セキュリティ対策の徹底
※計画期間：2021.1 ～ 2026.3

（出典：総務省『自治体DX推進手順書の概要』令和5年1月、1頁中の「自治体DX推進計画（2022.9
改定）」より抜粋）

　私は自治体がDXに取り組む手順の第一歩は、内部事務の見直しで
あると考えています。ただし、推進計画では内部事務の見直しは「3.3
各団体において必要に応じ実施を検討する取組」のひとつとして扱わ
れていますので、必ずしも必要とは考えられていないのかもしれませ
んし、先に述べたように「今日からでも着手できる」ことですから、
DXとは別に日頃から行うことなのかもしれません。
　それでは重点取組事項の中で最初に手をつけるべきはなにかという
と、「自治体の情報システムの標準化・共通化」であると考えます。
こちらは既に対象となる業務の標準仕様が出揃いましたし、先行自治
体として採択された自治体では移行も進んでいます。まだまだ仕様の
変更などが生じる可能性はありますが、自分たちの業務が標準仕様と
合っているかどうかの検証は始められますので、大きな違いがあれば、

その業務の改善方法を検討すべきです。

　特にデータの標準化については、今から取り組み始めることで、システム移行を円滑に行うだけでなく、「ぴったりサービス」での受付開始や先行している自治体のAIやRPAを横展開する際などでも役立ちます。情報システムの移行年度にかかわらず、この事項には着手すべきだと考えます。

　そして、6つの重点取組事項の中で最も自治体の特徴が現れるのが「自治体の行政手続のオンライン化」ではないかと考えます。「自治体情報システムの標準化・共通化」と「情報セキュリティ対策の徹底」とは、ガバメントクラウドへの移行という点で近しい関係にありますが、残りの4つの事項については、「自治体の行政手続のオンライン化」がキーとなり結びつく関係にあると考えます。

　「マイナンバーカードの普及促進」と「自治体の行政手続のオンライン化」とが切っても切れない関係にあることは説明するまでもないでしょう。これらの施策が進んで、行政手続がオンラインで行われるようになると、AIやRPAといったツールが利用できるようになります。現在は紙で申請が届きますので、ツールを使うためには紙の内容をデータ化する必要がありますが、最初からデータで届けば審査業務や入力業務がツールで行えます。さらには業務プロセスやデータが標準化されることによって、他の自治体で作られたAIやRPAを共同で利用することも可能となり、ツール導入の経費が下がることも期待できます。

　そして行政手続がオンラインで届くようになれば、職員が窓口に座っている時間が削減されます。オンラインの処理は職員の都合のよい時間にまとめて対応することも可能となりますので、もうひとつの「テレワークの推進」が窓口業務や福祉担当・保健担当の職員にも広げられることとなるのです。

　先に述べたように、行政手続は個人を対象にしたものに限らず、事業者や団体などあらゆる分野の手続きを対象とすることで、多くの職

場にオンライン化ツールが普及し、テレワークも推進されます。行政手続のオンライン化を進める自治体とそうでない自治体とでは、DXの進捗に差が生じるとは、このように関連する事項への影響を考えてみるとよくわかると思います。

2　重点取組事項以外の項目について考察する

POINT	◎ デジタル社会実現のために6つの重点取組事項以外の項目も注視すべきである。 ◎ 地域社会のデジタル化とデジタルデバイド対策は同時に進める。

(1)　デジタル臨時行政調査会が打ち出したデジタル原則

　推進計画では、先にあげた6つの重点取組事項の他に、「自治体DXの取組とあわせて取り組むデジタル社会の実現に向けた取組」として「デジタル田園都市国家構想の実現に向けたデジタル実装の取組の推進・地域社会のデジタル化」「デジタルデバイド対策」「デジタル原則に基づく条例等の規制の点検・見直し」の3点と、「各団体において必要に応じ実施を検討する取組」として「BPRの取組の徹底」「オープンデータの推進・官民データ活用の推進」の2点の計5点について触れています。

　当初の推進計画では、「自治体DXの取組みとあわせて取り組むべき事項」として「地域社会のデジタル化」「デジタルデバイド対策」の2点が、「その他」として「BPRの取組みの徹底」「オープンデータの推進」「官民データ活用推進計画策定の推進」の3点での構成となっていましたので、「デジタル原則に基づく条例等の規制の点検・見直し」が新たに加わり、オープンデータと官民データ活用とが一緒

になったという改定内容です。

「デジタル原則に基づく条例等の規制の点検・見直し」は、デジタル臨時行政調査会が新たに発足したことで、国では調査会が打ち出した「構造改革のためのデジタル原則」に沿ってアナログ規制（目視規制、定期検査・点検規制、実地監査規制、常駐・専任規制、書面掲示規制、対面講習規制、住訪閲覧・縦覧規制）の見直しが行われていますので、自治体においても国の取組みや公表されるマニュアルを参考に同様の規制を見直すこと、さらには書面・対面の行政手続（書面による交付・通知を行う手続きを含む）の見直しについても検討することが加えられたものです。

　一方のオープンデータと官民データ活用とが一緒になった背景は、当初はタイトル通りに「官民データ活用推進計画策定」が目的となっていましたが、オープンデータの取組みが広がってきたことから、計画策定を目的とするのではなく、民間も巻き込んだデータ活用に目を向けることを目的とするよう一緒にしたものと考えます。「地方公共団体オープンデータ推進ガイドライン」には「複数の地方公共団体が連携してオープンデータに取り組むことは、人材育成、データ公開に係る業務の効率化や、地域横断的なデータ利活用の促進、行政サービスの向上等に関する合同でのアイデア公募やその成果の共有等、大きな効果が期待される」とあります。オープンデータの取組みは単独での取組みから連携へと広がりつつあるのです。

（2）　地域社会のデジタル化とデジタルデバイド対策

　6つの重点取組事項が自治体内部の職員の働き方にかかわる事項であり、これまで情報政策の担当部門がリードしてきた事項であるのに対して、地域社会のデジタル化やデジタルデバイド対策は、対象範囲も広く、これまでの情報政策の範囲外の施策ではないかと考えます。これらの施策を進めようとする際には、DX推進部門の職員のみではむずかしく、全体手順書のステップ2で整えた部門間の連携が意味を

成してきます。これまで限られた担当者のみで進めてきた自治体においては、これらの施策に取り組むために、今一度組織体制について見直しを図る必要があると思います。

さらに、これらの施策を考える際に大事なポイントは、地域社会のデジタル化とデジタルデバイド対策とは同時に進めるべきである、という点です。地域社会のデジタル化では、ローカル5Gやドローン、自動運転技術など最新技術の活用がメインとなり、利便性向上に目がいってしまいますが、同時にそれらの施策で取り残される人がいないかを考慮することを忘れてはなりません。

デジタルデバイドとは、パソコンやスマートフォンが使えない人だけではありません。デジタル技術を活用し、生活の質が上がる人が増える一方で、そこから取り残される人が今以上に不便になってよい訳はありません。

「デジタル田園都市国家構想基本方針」には「構想の実現に向けては、都市と地方双方の生活の質の向上を図り、生活者の目線、ユーザーの目線を大切に、高齢者、障害者、外国人及び子どもも含め、多様な住民の暮らしを巻き込みながら、その暮らしが本当に向上しているのかどうか、Well-being の視点を大切にした取組を進めていくことが重要」とあります。「誰一人取り残されない」と「人に優しい」とを同時に考え、多様性を重視した施策を練っていくこと、そのためには多くの部門と連携を図り、その自治体ならではのデジタル社会を考えていくことが求められているのです。

（3）　手始めは内部事務のデジタル化

重点取組事項以外の5つの項目の最後に残った「BPRの取組の徹底」については、改定前のタイトルに「書面・押印・対面の見直し」とのサブタイトルが付いていたように、当初は行政手続のオンライン化を図ることへの補完的項目でした。しかし、デジタル臨時行政調査会が発足し、デジタル原則が打ち出されたことで、サブタイトルの内

容は「自治体DXの取組とあわせて取り組むデジタル社会の実現に向けた取組」へと格上げされました。

　一方で、DXを進める上でBPRに取り組む意義としては、「デジタル社会の実現に向けた重点計画」にあるように、「デジタル化を進めるに際しては、オンライン化等が自己目的とならないように、本来の行政サービス等の利用者の利便性向上及び行政運営の効率化等に立ち返って、業務改革（BPR）に取り組む必要がある」ことです。また同計画には「利用者から見たエンドツーエンドで事実を詳細に把握した上で、行政サービスの利用者と行政機関間のフロント部分だけでなく、行政機関内のバックオフィスも含めたプロセスの再設計を行い、各業務において、利用者がサービスを受ける際の最適な手法について検討を行う」とあることから、DXにおいてはツールの導入ありきではなく、利用者視点で業務プロセスを見直すこと、その際にはフロント部分だけでなく、バックオフィスの業務プロセスも見直すことが重要であると読み取れると思います。

　バックオフィスの業務プロセスを改善するためには、バックオフィスのデジタル化、スマート化が欠かせません。推進計画には全体方針の策定がなされた自治体への調査結果が掲載されています。自治体が策定した全体方針に掲げられている取組事項（重点取組事項を除く）を尋ねる質問では、「ペーパレス化」「文書管理・電子決裁」「内部事務のキャッシュレス化」といった項目が高い数値を示しています。先行している自治体の計画内容をみてもわかる通り、自治体がDXを推進するには内部事務の見直し（BPR）が必要であることが明らかです。

　内部事務の見直しは今日からでも始められること、と述べましたが、DXを進めていく上では、文書管理や財務会計といったシステムを導入するだけではなく、導入したシステムが正しく使われているか、期待通りの効用を出しているかというように、内部事務を定期的に改善していくことも重要だと考えます。

第3章

DX推進を阻む課題を
解決する

事例について

　この章では、自治体がDXを進めるに当たって障壁となる事柄を事例として取り上げるとともに、これまで数多くの自治体を支援してきた経験をもとに、その障壁を生み出す原因とそれを乗り越えるための糸口や対応策をあげてみたいと思います。

　第1節では自治体がDXに取り組む段階（時系列）を「検討開始前」「検討開始後からツール導入まで」「ツール導入後」の3つに分けて、それぞれの段階ごとに顕在化しやすい障壁を複数あげて、その背景にあるものとDX推進担当者が取るべき対応策について述べます。

　第2節では自治体DXを継続していくために不可欠な人材育成について、第3節ではツール導入に欠かせない調達・事業者選定について、先行している自治体で実際に起きている課題を事例としてお示しし、課題を乗り越えるために行うべき対策について、これまで自治体にお伝えした助言の数々をご紹介いたします。

　この本をお読みの方の中には、すでに取組みが進んでいる自治体の方もいらっしゃると思います。ご自身の自治体の進捗に合わせて、自分たちの立ち位置に合わせた場面からお読みいただくことをお勧めします。

　なお、本章でご紹介する事例は、自治体でよくある出来事を課題別に整理・編集したものです。複数の事例をベースに編集していますので、特定の事例ではないことをご承知おきください。また、自治体名のアルファベットは、出てくる順にA・B・Cとしており、特定のイニシャルなどを指すものではありません。

第 1 節 | 段階別─DXの推進を阻む実務上の課題とその対応

1　検討開始前に顕在化する課題と対応策

POINT

◎ DXの本質について経営層をはじめとした多くの職員に理解してもらう。

◎ 体制構築や業務見直しへの抵抗には、現状からスタートできる事項の提案から始める。

◎ 細部にこだわらず、先ずは走り始めることが重要である。

　自治体がDXに取り組むことについては、総務省だけでなく様々な主体からその必要性を投げかけられているのですが、いざ始めようとすると、経営層の理解・関心を得ることや、体制を整えるために関係職員や職場に働きかけるなど、最初に越えなければならない壁があることがみえてきます。こうした課題への対処について解説します。

| 事例1 | 経営層のデジタル化への思い違い |

▶ 事例の概要

　職員数が百数十名の小規模のＡ自治体では、入庁数年の若手職員がシステム担当を担っていますが、情報システムの担当といっても防災や広報の仕事も兼務しています。

　日々の仕事に追われてはいますが、国からの通知や回覧される雑誌、新聞記事などから、自分たちもDXに取り組まなければならないと感じています。先に受講したオンライン研修では、講師から「小規模自治体こそデジタルを活用して省力化・効率化に取り組むべきである」との話があり、共感したところです。

　そこで、自治体DXに取り組むべく、地域情報化アドバイザー制度を利用した管理職員研修会を計画し、企画書を書き上げました。しかし、課長から「上から待ったがかかった」と伝えられ、それ以上企画を進めることができなくなってしまいました。

　課長の話では、「効率化や省力化に取り組むことは賛成だが、デジタルツールを導入するにはお金も人的資源も必要となるから、国の補助金が付く事業だけで十分、管理職員を集める必要はない」との意見だったそうです。課長からも、先ずは交付金が取れる事業を探そうとの指示を受けてしまいました。

▶ 課題の背景・問題点

　経営層の理解を得られないという障壁

- そもそもの問題としてのデジタル化に対する経営層の関心の薄さ
- デジタルツールを導入することがDXであるという誤解
- 経営層に意見が言えない組織体質

▶解決の糸口・対応策

　DXに取り組む際には、首長を始めとした経営層の理解と承認が必要であることは言うまでもありません。特にトップである首長がDXに前向きかどうかは、自治体DX成否の大きなカギになるといっても過言ではないと思います。県や政令市のような職員数の多い自治体においては、たとえ首長が無関心であっても、最高情報統括責任者（CIO）を中心とした推進体制を組んでスタートし、ある程度の成果を出してから首長の興味を引き込むといった作戦が取れますが、小規模自治体においては、取組みを始める段階で経営層の理解が得られないと、そこから先に進めないといった事態に陥ってしまいます。

　理解が得られない理由として、DXとデジタル化との違いがわからず、DXにはお金がかかるといった誤解を抱いているケースが見受けられますので、先ずは経営層にDXの意味と意義を知ってもらい、取組みへのゴーサインを出してもらう必要があります。

　その際には、いきなり外部の人材を招き庁内から大勢を集めて研修会を開くといった手法ではなく、まずは首長やCIOの信頼を得ている人の力を借りて、経営トップにDXの知識と取組みの必要性を感じてもらうことが有効です。私は豊島区役所勤務時代に若手職員とトップとの意見交換の場を設定して、若手職員からデジタル化の有効性を語ってもらった経験があります。

　また「トップを説得するのがむずかしい」という声を聞くことがありますが、部下の言うことにまったく耳を傾けないという人はいないと思います。最初から諦めてしまってはなにもできません。まずは他の自治体の取組みなどが掲載された記事などを目に付くところに置いてはいかがでしょう。特に近隣や同規模の自治体の事例については興味を示すと思いますので、詳細について尋ねられた際に、DXとデジタル化は違うことを説明できるように準備しておきましょう。

| 事例2 | 取組みを始める余力がない |

▶ 事例の概要

　B自治体では、選挙で初当選した若手議員から、DXに取り組むべきではないかといった一般質問を毎回のように受けています。最初の頃は「検討します」とお茶を濁していたのですが、遅々として検討が始まらないことから、議員の支持者など関係者からも同様の指摘が寄せられるようになってきました。

　小規模自治体ゆえ、情報システム担当の職員は防災の業務も兼ねています。先の大型台風による被害対応もまだ続いており、上司である課長も係長もDXに取り組める状況でないとの認識です。しかし、情報システムの担当としては、アプリケーションソフトを使いたいといった所管部門からの要望が次々と寄せられていることもあり、自治体をあげてDXに取り組まなければならないと痛感しています。

　その後の議会でも同様の一般質問が出たことから、経営層からもそろそろ違う答弁をしなければならないと打診されますが、課長も係長も「今はそのような余力はない」との意見で、担当としても自分一人で担うことはできないと感じています。

　結局、今回の議会では「来年度に向けて体制を整えることを検討します」との答弁で、課題を先延ばしにするしかありませんでした。

▶ 課題の背景・問題点

> DX着手のための認識不足・余力不足という障壁

- DXの必要性が外部から指摘され、庁内からは意見が出ない状況
- そもそも業務改善にも取り組めないという現行の職員体制
- 自分たちの業務を増やしたくないというリーダー層の「縄張り意識」
- 必要性を理解しても直ぐには取り組まない「先延ばし体質」
- デジタルツールを導入することがDXであるといった誤解

▶ 解決の糸口・対応策

　地方自治法第2条第14項にある「最少の経費で最大の効果を挙げる」という考え方に基づき、全国すべての自治体が職員定数の削減に取り組んできました。しかし、世界中を巻き込んだ新型コロナウイルスによるパンデミックとアフターコロナ対策、地球温暖化や紛争の勃発など、次から次へと新たな課題が襲ってくる時代となってしまいました。元々ギリギリの職員数で業務を行っていた自治体は、どこも余力などはないのが現状ではないかと思います。

　一方で、余力がない中でも、全国民への特別定額給付金事務やその後のワクチン接種の事務など、突発的な事務を進められたのは、応援体制などを取り入れた職員の知恵と工夫、そして協力の賜物ではないかと思います。私はDXの取組みにおいても、職員の知恵と工夫と協力があれば、進めることはできると思っています。

　ここ数年来の突発的に発生した事務と比較すると、DXは息の長い取組みであり、ゴールの期日がみえませんので、取組みに当たってはどこの部署が担当となるのかが問題となり、押し付け合いが始まるのもわからないではありません。しかし、DXに取り組むことにより業

務の効率化・省力化が目に見える効果として現れる点は、単発的な業務に比べて積極的に取り組むメリットを強調できると思いますので、リーダーシップの下で推進体制を組むべきです。

　外部から声が上がった事例のような自治体では、経営層や管理職員、さらには担当職員でさえもDXの意味を正しく理解していないのではないかと考えます。繰り返しますが、DX＝デジタルツールの導入ではありません。まずは、今利用しているデジタルツールが効果的に使われているかを検証することから始めてもよいのです。

　今あるツールに問題点はないか、所管部門が要望しているソフトを入れると行政サービスが向上するか、もっとよい方法はないか、といった検討もDXの第一歩です。日頃の仕事を別の角度からみてみる、そこから始めてはいかがでしょうか。

事例3 ┃ これまでの体制で十分という意識

▶ 事例の概要

　C自治体の情報システム課には、現在課長を含めて4名の職員が配置されています。以前はもっと多くの職員がいましたが、数年前に隣の市などとシステムを共同化してからは年々職員数が減ってきました。一方でネットワークが強靭化されたことやマイナンバーカードの普及促進事務など、当時はなかった業務が増えてきているのですが、経営層からは「システムを共同化することで職員は減らせる」と言っていたではないか、という理由で職員の増員を図ってもらえません。

　先の経営会議の場で「自治体DXに取り組むこと、所管は情報システム課が担うこと」という決定がなされ、情報システム課は半ば強引にDXの担当課となってしまいました。近隣の自治体ではDXに取り組むという理由で、課の名称がDX推進課に変わり、職員が増えているにもかかわらず、C自治体では組織改革に取り組む姿勢はまったくみられません。4名の職員もDXに取り組む必要性は感じていますし、少なからず自分たちが担う覚悟もしていましたが、このままでは仕事を押し付けられ、関係部署の協力が得られるかどうか不安でなりません。

▶ 課題の背景・問題点

　現体制のままDXに着手するという障壁

- DXは情報担当が行うものという誤った認識
- 職員数が増えない中、DX担当として人を配置できないという背景
- IT関連の業務は情報担当の仕事だと押し付けてしまう組織体質

▶ 解決の糸口・対応策

　先行してDXに取り組み始めた他の自治体では、トップが積極的に働きかけ、DXの担当部署を立ち上げて、そこに職員を増員するといったニュースも発信しますので、自分たちの自治体との温度差を感じてしまうことが多々あるのかもしれません。しかし、第2章第2節で述べたように「全体方針の策定がなされる前に担当を選ぶならば、情報担当となることは仕方のないこと」であると考えます。一方、DXのXが変化・改革で業務改革の部門を巻き込むことや、自治体DXがこれまでの業務改革と違いそのゴールが行政サービスの改善にあり、すべての職員が対象とならなければいけないことなどを考えると、情報担当者がDXの担当者となるのは荷が重いことは間違いありません。

　しかし、これまでデジタル化に取り組み、デジタルを活用した行政サービスのあり方を検討してきたのは情報担当者に他なりません。私は事例のような相談を受けた際には「これは皆さんの存在価値を高める千載一遇のチャンスでは」とエールを送ってきました。

　課題の背景にあげたように、職員数の増員が見込まれない現状において、DXの担当部署が新たに設けられ、そこに複数の職員が送り込まれたら、他の職場の職員の心境はいかがでしょう。それによって人員が削減された部署からすると、DXへの協力どころか、「そちらで進めてください」といったお任せ主義になってしまう危険性も生じます。自治体DXは一部の部門や一部の職員が取り組むものではありません。他の課からの協力を得るためにも、最初から多くを望まず、現状を見直すことから始めてみてはいかがでしょう。

　大事なことは、取組みを進める中で、DXの本質について経営層をはじめとした多くの職員の理解を得ることです。DXに取り組むことで、今後の不確定な時代にもよりよい住民サービスを維持することに繋がるということが理解できれば、経営層も関心を示し、組織改革や人員増にも繋がるのではないかと思います。

事例4	体制が整わないと進められないという勘違い

▶ 事例の概要

　職員数100名ほどのD自治体は、平成時代には近隣の自治体との合併協議が行われましたが、合併には至りませんでした。職員数は少数ですが顔の見える関係で、すべての職員がお互いを知り、一致団結して行政サービスを維持しています。情報担当の職員は1名ですが、総務課全員でフォローしながら、パソコンの維持管理や情報セキュリティ対策に取り組んできました。

　先の庁議の場において首長から、わが自治体でもDXに取り組もうという話が出て、協議の結果、総務課が担当となることが決まりました。しかし、総務課長から「現メンバーでは進められないので、外部人材を雇用する」という条件が出され、そのことを検討するために具体策については持ち越しとなりました。

　外部人材を雇用するには予算が必要となりますが、雇用形態やどのようなスキルを持った人材を必要とするのかで費用は変わってしまいます。国の補助制度があるとしても、予算化は必須ですので、そこで議論が煮詰まってしまい、時間ばかりが過ぎていく状況に陥ってしまいました。

▶ 課題の背景・問題点

　専門性の高い外部人材がいないと動けないという障壁

- ■ 職員だけでは始められないという思い込み
- ■ DXへの理解はあるが、専門性が必須であるという勘違い
- ■ 外部の人材を活用する際に、雇用という形態にこだわる組織風土
- ■ 専門性の高い人材を募集したことがないという経験不足

▶ 解決の糸口・対応策

　職員数の少ない自治体では、デジタルに関する知識のある職員は数少なく、その職員はすでに多くの仕事を抱えていて、新たな仕事を担わせるのが厳しい状況にあることも多いと思います。すでにDXが先行している民間企業においても、デジタル人材の不足が課題となっていますので、職員数の多寡にかかわらず、どの自治体においても外部人材の活用は有効な手段となることは間違いありません。

　しかしながら、デジタル人材がいないとDXに取り組めない、ということはないと思います。この事例では総務課の職員全員がこれまでも情報担当の業務をフォローしてきたのですから、この機を逃すことなく、総務課全体でDXに取り組み始めてはいかがかと考えます。

　自治体DX推進計画には「自治体においては、まずはデジタル技術やAI等の活用により業務効率化を図り」とあります。デジタル技術の活用＝新たなツールの導入ではありません。現行の保守運用業務を行っている中で、システムに対して同様の問い合わせや不満が出ていることはないでしょうか。こうした事項への対処によって、総務課全体の業務効率化が図れれば、それは立派なDXへの取組みであり、そこには専門性を持った外部人材の能力は必ずしも必要ではありません。

　なお、事例のような自治体で最初に調達すべき外部人材は、経営層を補佐するマネジメント能力と全体方針策定への助言ができるリテラシーを備え持ったCIO補佐官であると考えます。こうした人材はどこの自治体においても必要とされますから、独自に調達するよりも、国や県などに登録されている人材を必要な期間だけ来てもらえるように考えるべきです。どのような人材を必要とするのかを相談する制度として、総務省の地域情報化アドバイザー派遣制度やＪ－LISの地方支援アドバイザーの派遣制度がありますので、派遣されたアドバイザーに自治体の状況を話して、どのような外部人材をどのように調達すべきか助言を受けるとよいでしょう。

2　検討開始後からツール導入までに顕在化する課題と対応策

POINT

◎ スモールスタートで始めて、柔軟性を大事にする。

◎ 現行システムやアナログ処理のリスクを認識する。

◎ DXでは情報システムを導入すれば効果が現れるわけではないことを、財務部門に認識してもらう。

◎ DXのビジョン達成のためにはツールを導入するだけでなく、相乗効果により成果を生み出せるよう手順を踏む。

　DXに取り組む必要性・意義が理解され、担当も決まっていよいよ検討段階に入ります。ここからは様々な部門との調整も始まりますが、ここではその段階で突き当たる障壁について、担当者がどう進むべきかを解説します。

| 事例1 | 財政状況が厳しいからという言い訳 |

▶ **事例の概要**

　E自治体では、経営層であるCIOからの意向もあり、総務課の情報係をデジタル推進係と改称して、そこのメンバーを中心にDXに取り組むことが決まりました。担当職員は、他の自治体の動向収集やセミナーなどへの参加を経て、当面の取組み事項として「デジタル外部人材の雇用」「電子決裁システムの導入」「無線LANの試験導入」を来年度の対象事業に上げました。

　県の担当者やこれまで付き合いのある事業者から情報を得て、来年度の予算要求資料を作成しましたが、企画課の財政担当からは、「昨今の厳しい財政状況では3つも同時に導入できない」と大幅な縮小を求められてしまいました。

　担当としてはどれを諦めてもその後の取組みが遅れてしまうことから、総務課長を通してCIOに相談しましたが、もう少し数字を精査するよう指示され、最初は積極的に取り組んでいた担当職員でさえも、「財政的に厳しい小規模自治体にはDXなど無理ではないか」と思うようになってしまいました。

▶ **課題の背景・問題点**

　　DXに取り組むための予算がつかないという障壁

- ■ 国からの交付税頼みで独自の取組みができない財政状況
- ■ DXへの理解はあっても先行投資には慎重な経営層
- ■ これまでの財政運営方針を今後も維持していこうとする組織風土
- ■ 単年度の予算要求にこだわってしまう職員の意識
- ■ 予算が獲得できないと始められないというDXへの理解不足

▶ 解決の糸口・対応策

　これまで DX 推進の支援に訪れたほぼすべての自治体から、事例のような相談を受けています。どこの自治体においても、DX を進める上では財政面での課題があるということでしょう。国は「歳出の不足分は普通交付税として補塡している」との立場ですが、決算額と基準財政需要額とに乖離が生じている状況ですので、例年以上の経費については、極力抑えたい気持ちはよくわかります。

　このような相談において、私は管理職員向けと担当職員向けの 2 つの助言を行っています。

　管理職員に向けた助言としては、「内部事務の改善につながる経費は、数年かけて元が取れるようになる」ということです。事例にあげたような事業は、どれも職員の働き方の改善につながる経費となります。過去に庁内 LAN やグループウェアを導入した経緯を振り返るとおわかりのように、事務改善に資するツールへの投資は必ず効率化や省力化によって回収ができるのですから、機運が高まっている今こそ取り組むべきとお伝えしています。

　一方、担当職員には、「要求した予算が満額つかなくても着手はできます」との助言をしています。確かに全体最適を目指して一気に導入ができれば、それに越したことはないのですが、何事も試行することは重要ですので、まずは与えられた予算でどのようなことができるのかを考えましょう。スモールスタートで効果が出せれば、「もっと広げよう」「自分の部署にも」という声が出てきて、必ず翌年以降に予算は獲得できるのです。

　管理職員から財政部門に働きかけて、事業の必要性を理解してもらうこと、担当職員は得られた予算額でなにができるのかを考えること、この両面から進めることで財政面の課題を乗り越えることが肝心ではないかと思います。

事例2 │ 現行のシステムへのこだわり

▶ 事例の概要

　F自治体の内部事務システムは、約10年前の稼働開始から
バージョンアップをしないで利用し続けられています。安定稼
働を第一に考えてきたこともありましたが、度重なる制度改正
で独自の修正を加えてきたこともあり、現在では、事業者でも
ベテランの社員でないと直せない「レガシーシステム」になり
つつあります。

　DXへの取組みを機に内部事務システムを全面更改して、決裁
の電子化にも取り組もうという話が出て、情報システム課を事
務局として検討が始まりました。総務課、財政課、会計課、契
約課、人事課が検討会のメンバーですが、どの部門も忙しく、
会議に全員が揃うことはありません。出席したメンバーの意見
を聞くと、現行のシステムへのこだわりが強く、新機能につい
てはあまり興味がないようです。

　そうした中、まったく出席しない部門の担当者から、「今のシ
ステムに不満はなく、現行の運用にも課題はない。日々の業務
が忙しい中で新たなシステムの検討をする時間が勿体ないので
はないか」との意見が寄せられてしまいました。

▶ 課題の背景・問題点

　　現行のシステムで十分であり新たな機能は不要という障壁

- 現行システムの危険性への認識不足、アナログ処理への危機感欠如
- 経営層の関与がない検討会の立ち上げ、担当課だけの検討体制
- 検討会を欠席する職員がいる状況（検討会リーダーの存在感のなさ）

▶ 解決の糸口・対応策

　これまでに自治体のシステム入れ替えの支援に数多く立ち会ってきましたが、必ずといってよいほど、現行システムからの変更に反対する職員がいました。事例のような内部事務システムについては複数の部門から関係者が集まりますので、自分の業務部分は今のままでよいといった意見が出てきます。

　システムを入れ替える背景に現行のシステムの大きな課題があることを伝えきれていないのでしょうか。いずれにしても検討会の初回では「現行システムを使い続けた場合」と「新システムに移行した場合」の両者を比較して、参加者全員に新システムへの移行に賛成してもらう必要があります。

　複数の課の職員が参加する検討会では、リーダー役として管理職がファシリテーターを担わないと、議論がまとまらない危険性が生じます。特に初回は、なぜ今回システムを更新するのかを経営層に説明してもらうと、参加者全員が同じ方向を向けるでしょう。

　また、内部事務システムのような多くの職員が利用するシステムでは、利用する職員の声も集める必要があります。運用が始まると事業者との接点は業務担当者だけになってしまうので、どうしても業務担当者の使いやすい機能が追加されてしまいがちですが、利用者アンケートを取ってみると、業務担当者が気付かなかった不具合やすぐにでも始められる改善案が出てくることが多々あります。

　DXの大事なポイントは利用者の視点に立つことであり、この利用者には職員も含まれます。業務担当者は今のままでよいと思っていても、利用者は大きな不満を抱いているケースは少なくありません。特にアナログのままでよいというのは、効率化・省力化に背を向けることになります。多くの職員を味方につけて、デジタル化への変革を促していくべきでしょう。

事例3	仕様を固めなければ調達できないという勘違い

▶ 事例の概要

　G自治体では今年度、地域情報化アドバイザー派遣制度を活用して、有識者によるDX研修会を開催したこともあり、企画課内にDX担当を設けて来年度からは職員を1名配置するなど、DXに取り組む準備が進んでいます。特に住民からの要望が強い公民館の事前予約については、来年度すぐにシステムの調達が行えるように予算化するよう、経営層から指示がありました。

　担当者が決まっていないので当面は総務課の情報担当と公民館の館長とで検討の場を設けましたが、二人とも住民が利用するシステムの調達にかかわった経験はないので、周辺の自治体が導入しているシステムを調べてその事業者に資料請求を行いました。様々な資料が送られてきて、どのシステムにも共通した機能もあれば事業者独自の機能などの紹介もありました。しかし、現行は電話で受け付けて紙の台帳に記入するという運用ですので、どのような機能を必要とするか想像がつきません。

　書籍には、調達仕様はできる限り詳細に記述すべきとあり、導入期限まで数か月のところ、未だ見積りも取れない状況です。

▶ 課題の背景・問題点

　システム導入ありきで仕様が固まらないという障壁

- 担当者のスキル不足（トップダウンで決定したシステム導入）
- 予算要求時期までの日程不足・検討時間不足
- 現行の運用方法と新システムの相違による設計イメージ不足
- 仕様を固めないと調達ができないという思い違い

▶ 解決の糸口・対応策

　行政手続のオンライン化において、ニーズの高いものとして公共施設の事前予約があります。公共施設は安価な料金や立地などから人気が高いですが、電話で空き状況を確認する必要があるなど、デジタル化への要望が高いサービスであると想定されます。一方、空きがあるか、利用する用途に合った部屋かなど、一般的な申請システムでは機能が不足します。

　このような汎用性が高くない特殊なシステムを調達する際には、本来であればRFI（Request for Information）と呼ばれる予算化する前の情報収集を行うべきなのですが、事例のように予算化までの期間が短く、かつシステムに関する知識のない職員が担当するケースは今後も増えてくるでしょう。このような場合に最も避けてほしいのは、インターネットなどで調べた事業者に見積りや仕様書の作成までも依頼する方法です。このようなケースは意外なほど多くあります。

　なぜ仕様を詳細に記述する必要があるかといえば、それぞれの自治体には外すことのできない条件があるからです。この事例なら「施設ごとの受付体制」「団体ごとの料金設定」「鍵の管理方法」などあげればキリがないでしょう。システム決定後に運用変更によって変えられるものでなければ、条件をしっかりと提示しないと契約後に問題になります。裏を返せば、将来運用を変えることが可能な事項まで事細かに仕様に盛り込んでしまうと調達範囲が狭まるともいえるのです。

　なお、調達仕様をしっかり作るためには専門性の高い人材が必要ですが、そのような人材がいないので新たなシステム調達はできない、という考えは改めるべきです。自治体において外すことができない条件を洗い出して、複数の事業者から見積りを取ってみましょう。システム調達においては、細かな仕様よりも「自治体が行いたいこと」「前提条件となる事項」を明確にして、複数の事業者に相談することが大事であると考えます。

| 事例4 | 費用対効果が見い出せずに諦める |

▶ 事例の概要

　H自治体では、全国町村会が主催するデジタル創発塾に職員を送り出したこともあり、その職員の受講成果をもとに、来年度から企画課内にDX推進室を設けることとなりました。受講した職員はいち早く担当の指名を受け、次々と企画を練っています。

　全体方針の策定や職員研修の企画については特に異論は出ないのですが、新たな予算を伴う事業については、財政課が指定する調書を提出して査定を受けなければなりません。担当職員は本来業務の合間を縫って調書の記入を進めましたが、財政課から「ツール導入の費用対効果が弱い」と言われて差し戻されてしまいました。

　手続きのオンライン化ツールや窓口のキャッシュレス化などは、所管部門の協力なしには進められず、どの程度の効果が出るのかは所管部門次第です。また職員の働き方を改善するようなツールに至っては、どうすれば費用対効果を出すことができるのか考えが及びません。相談できる上司もおらず、担当職員は調書の提出をあきらめざるを得ない状況になっています。

▶ 課題の背景・問題点

　ツール導入の効果が見い出せないという障壁

- ■ 一人の職員にツールの導入効果を求めている職員体制
- ■ システムの導入＝費用対効果という一昔前の考え
- ■ ツールの導入ごとに効果を求める意識
- ■ 全体方針がない状態でのツール導入の調整

▶ 解決の糸口・対応策

　ツールの導入に当たっては、財政部門を説得するという壁が存在します。多くの場合、ツールの導入には一般財源が充てられ、導入だけではなくその後の運用でも経費がかかることから、財政部門としては導入には慎重にならざるを得ないのです。

　しかし、DX にはゴールとなるビジョンがあり、ビジョン達成に向けて様々なツールを導入し、それらが相乗効果を発揮して成果を生み出すという理念があります。これまでの情報システム導入やアプリケーションソフトの調達のように、導入すれば効果が現れるものではありません。そのためにステップ１として全体方針を策定し、ビジョンとスケジュールを明確にするのです。DX に関してはこれまでの調書と同様に扱わないことを、財政部門に認識してもらう必要があります。

　この事例では、経営層の関与がみえないことが問題であると考えますが、経営層に関心を持ってもらうためにも、総務省の全体手順書にあるステップをしっかり踏んで、全体方針の承認を得た上で予算要求に臨むべきです。本項の事例３のようにトップダウンで指示される場合も、得られた経費を有効に使い、全体方針を練って他のツールとの相乗効果を図っていただきたいと思います。

　なお、これまでの情報システムの導入は、すべてをアナログ（人手）で進めていた業務を、システムの大量処理や遠隔処理の機能を使って人手に頼らない業務へと変更するものでしたから、費用対効果という指数を用いることができました。しかし、至るところでICT 機器が活躍している現在においては、ツールの導入のみで大きな効果を発揮することはほぼ不可能ではないかと思います。人でなくてもできる業務をツールに任せて、職員はより付加価値の高い仕事に専念できること、つまり生産性や職員満足度を高められるかどうかに重きを置くのが、これからの効果測定の在り方だと考えます。財政部門では、査定に当たってその辺りを聞き出すことがポイントだと考えます。

3　ツール導入後に顕在化する課題と対応策

POINT	○ 情報は全庁で共有・活用するという意識を持つ。
	○ 成功事例を全庁で共有し、導入したツールを多くの部署で活用する。
	○ ツールを導入する際は、既存業務の見直しをセットで行う。
	○ 現状の業務フローに問題を感じなくても常時見直す姿勢を持つ。

　DXの取組みが進み予算化や仕様作成、そして調達ができても、必ずしも成功するとは限りません。過去の情報システム導入やアプリケーションソフトの調達を振り返っても、導入はしたものの効果を十分発揮できていないものもあります。

　どうすればツールの効果が発揮できるのか、私なりの考えをお伝えします。

事例1 ｜「決裁文書に押印」のスタイルが変わらない

▶ 事例の概要

　Ｉ自治体では、20年以上前に内部情報システムを導入し、文書管理や財務会計、人事給与など、行政内部の情報化を進めてきました。すでに何度かの事業者選定も経験し、常に最新の機能を求めてきています。一方で、決裁については、決裁文書を紙に打ち出して押印によって意思決定を図っています。事業者に確認したところ、電子決裁の仕組みはあるそうですが、調達仕様になかったことや職員からの要望もなかったことから、現在はほとんど使っていません。

　周辺の自治体では決裁の電子化に取り組み始めたようですし、テレワークを取り入れていく上で、押印のために出勤しなければならないのは避けたいとの立場から、電子決裁の機能を使うことにしました。しかし、検討を進めると「今のままで十分である」「紙で届いた文書をスキャンするのが面倒」「大きな図面は紙のほうが見やすい」「上司とのコミュニケーションが希薄になる」といった反対意見が多数を占めてしまいました。

▶ 課題の背景・問題点

　意思決定を電子化することへの抵抗という障壁

- 現在の押印方式になにも問題はないという意識
- 紙の文書をスキャンする手間、原本として紙を保存する二度手間
- 図面や縦長の文書のほうが使い勝手がよく優位という意見
- PCでの指摘は不便で意図が伝わらないという管理職員の考え
- 意思決定が電子化でも上司に対面説明が必要（省力化の反証）

83

▶ 解決の糸口・対応策

　最初に検討すべきは「意思決定を電子化するメリット」を複数みつけ出すことです。事例のようにすでに意思決定を電子化できる環境にありながら、その機能を活かしきれていない自治体が多数あるのは、電子化するメリットが共有されていないからではないかと考えています。

　また、小規模自治体においては、現在は文書管理システムが未導入というところもあるかと思います。これらの自治体においては、財務会計の起票伝票の電子化から始めて、意思決定を電子化するメリットを感じてから文書管理の導入検討に入ることをお勧めします。

　自治体にとって意思決定はとても大事なプロセスです。現代においても過去の決定文書を頻繁に探し出すことがあるのは、自治体の施策が意思決定に基づいて行われていることの表れではないかと思います。

　各種施策の基となった文書をデジタル化することは、公文書をシステム化することであり、ナレッジを蓄積することでもあります。今現在の利便性・省力化を図ることも大事ですが、将来の職員・市民のためにデジタル化する、そのメリットにまで想像を広げてほしいと思います。

　電子帳簿保存法の改正によって、2024年1月からは民間企業では原則電子文書でやり取りを行うこととなります。手続きのオンライン化も普及すれば紙を受け取るケースは減っていきます。新しい働き方に変わる際にはコミュニケーションのあり方も変わります。紙のほうが見やすいという職員は自分でプリントアウトすればいいのです。

　私が訪問した自治体の大多数で、文書保管場所が足りないなど、過去文書の保存方法に問題を抱えているという実態がありました。電子化は中途半端ではその効果が半減以下になってしまいます。そのことを肝に銘じて、現在の公文書管理の方法に問題はないのかという視点を交えて、電子化のメリットを全職員で共有すべきです。

| 事例2 | アナログの情報共有から抜け出せない |

▶ **事例の概要**

　J自治体では、少ない職員数ながら他の自治体に劣らない行政サービスを提供してきましたが、新型コロナウイルスを発端とする各種の臨時業務では対応に手間取ることもあり、国が進めるDXに取り組み始めました。

　組織体制を整え、全体方針を策定して職員研修で周知を行いましたが、最初から大きな予算は取れないことから、グループウェアをバージョンアップして、職員チャットやアンケート作成・集計など先端の機能を追加しました。

　しかしながらあまり大きな効果はみられません。職員に理由を尋ねると「職員は皆顔なじみでいつでも相談し合えるのでグループウェアを使わなくても問題ない」「聞きたいことは相手の席に行って聞けばよいのでチャットなど必要ない」とのことでした。

　コミュニケーションが図られているとはいえ、パンデミック時には情報伝達が上手くいかずに業務が滞る事態になりました。一方でファイルサービスは常に容量不足で、職員はDVDなどのメディアに保存している状況です。

　次のパンデミックや今後のテレワーク普及を見据えると、これからの時代に相応しい情報共有のあり方を考えるべきだという意見が出てきました。

▶ 課題の背景・問題点

電子化された文書の共有化への認識・理解不足という障壁

- 現在の情報共有になにも問題はないという意識
- デジタルよりも実際に話すコミュニケーションで理解が深まるという考え
- 自分で探すよりも相手に聞いたほうが早く解決するという組織文化
- 電子による情報共有のルールの未確立
- 個別に作成した文書を個人保有することの問題点の認識不足

▶ 解決の糸口・対応策

　この事例は小規模自治体の例ですが、同様の事例は大規模自治体でも起きています。デジタル化した文書の共有化ルールを作成して徹底するむずかしさを、どこの自治体でも感じているのではないかと思います。事例ではグループウェアにスポットを当てましたが、そもそもファイルサービスとグループウェアとの使い分けができていないことが問題です。電子化された文書の保存ルールを徹底することは、データの一元化へと繋がり、データを活用した行政運営という自治体DXのゴールに近づくために欠かせない要因です。

　多くの職員は、自分が必要とする文書をマイドキュメントやデスクトップなどの、自分が探しやすい場所に保存しようとします。しかし、これでは他の職員が探すことができずに、また別の場所に保存するといった複製が起こりやすくなります。個別最適化により同様の文書が複数存在し、容量を圧迫するだけでなく、真に必要とされる文書が探せなくなる。自治体DXの第一歩はこうした状況の解消から始めるべきではないでしょうか。

　私はファイルサービスとグループウェアの保存ルールを決める際に、

「組織で共有する文書はグループウェアに、職場で共有する文書はファイルサービスに」との助言をしています。言い換えれば「作成途中はファイルサービス、通知したものはグループウェア」となります。文書管理システムから探せる文書もありますので、上手に使い分けて文書をすぐに探せるよう、全体最適の視点でルールを考えましょう。

　働き方が多様化するこれからの時代は、人に頼らずに自分で情報を得られる環境作りが必須となります。そもそも、相手の都合も考えずに頻繁に質問をする働き方は効率的といえるのでしょうか。

　パンデミックや大規模災害などに備え、担当職員が不在となっても業務が進められる環境作りが求められています。求める文書が直ぐに得られる一元管理の方法とコミュニケーション手段を構築することに努めましょう。

| 事例3 | 統合型GISへのデータ移行が進まない |

▶ 事例の概要

　K自治体では、各課が積極的に電子化に取り組み、建築・土木・農林・水道などが独自にGISを取り入れ、業務に必要となるデータをGISで扱ってきました。

　防災部門が災害弱者の情報を福祉部門と共有する際に、GISで扱ったほうがスムースな連携が図れるとのことで、国の補助金を活用して予算化することとなりました。防災部門としては災害弱者のデータだけでなく、道路や土地利用、消火栓などの情報も付加することで、より迅速な災害対応につながるとの理由で統合型のGISを導入し、情報を一元化するよう要望しました。

　無事にGISは導入できましたが、他の課のデータが集まらず、その理由は「今のシステムが使い勝手がよい」「他のGISに入力すると2度手間になる」「縮尺の違う図面で誤った解釈をされては困る」「個人情報は出せない」ともっともな意見ばかりです。

　現行のGISは保守料金も大したことはなく、財政部門も一元化には無関心です。このままでは統合型とは名ばかりのGISになりそうです。

▶ 課題の背景・問題点

　GISを統合型にすることへの認識不足や誤解という障壁

- それぞれの部門が業務に適したGISをすでに導入済
- 道路の細かな情報など重ね合わせることがむずかしいデータの存在
- 個人情報など他の部門と共有できない情報の存在
- 統合型を選ぶ際のコスト面以外でのメリットをみつけるむずかしさ

▶ 解決の糸口・対応策

　民間では地図を用いたサービスが普及・進歩しています。道路地図の電子化によるカーナビや、一般の電子地図サービスで経路案内ができるなど、今や個人のスマートフォンには様々な地図を使ったアプリケーション（サービス）がダウンロードされています。

　自治体におけるGISは、地図上にデータを入力するというよりも、複数の図面を保管する際に地図をベースに保管するといった用途で普及してきたと思います。それ故に他の情報とかけ合わせるといった発想を持ちにくいのかもしれませんが、民間のサービスにおいては、例えば混雑状況と施設情報とをかけ合わせてイベントの有無を知る、混雑状況と路線図とをかけ合わせて運行状況を知る、というように様々な情報を重ね合わせることでみえてくることがあります。この際にベースとするのは地図がベストであり、統合型GISを導入することで、民間のサービスに劣らない効果が出てくるものと考えます。

　統合型GISにおいてもアクセス権の設定ができますので、掲載したデータをすべての利用者が閲覧できる訳ではありません。また現行のシステムを使い続けられるのであれば、定期的にデータを送る仕組みを作るだけでよいのです。その際に誤解を招くようなデータは送らないという設定を行うことも可能です。統合型GISが導入されたから現行のシステムを廃止するのではなく、現行のシステムの更新時までに統合型への移行が可能かどうかを探ればよいのです。

　なお、統合型GISに保存するデータはこれまでGISで扱ってきたデータだけと考えては拡張性が持てません。これまでは表形式で管理してきた福祉や子育て、商工や観光などのデータや、紙に頼っていた学区域や自治会の図面情報などもGISで保持することで、利用用途が増えるのではないかと考えます。また、民間サービスとして提供されている情報を契約してGISに保持することも可能でしょうから、重ね合わせるメリットを多くの職員に知ってもらいましょう。

| 事例4 | RPA ツールの導入部署が増えない |

▶ 事例の概要

　L自治体では、昨年度にRPAツールの選定を行い、自治体への導入実績の多い事業者が提案したRPAツールを導入しました。初年度ということもあり、先ずは2ライセンスを調達し、システム化がなされていない時間外勤務の多い2つの業務を対象に、事業者主導でシナリオを作成し実践してみました。その結果、担当者の入力作業やプリント作業、さらには転記作業が大幅に減り、時間外勤務が減るといった成果が出せました。

　この結果を受けて、今年度はライセンスを10に増やし、新たに8業務で使えるようにしましたが、全庁で募集をかけても手が挙がりません。時間外勤務の多い職場に順に声をかけていますが、多くが「忙しくて余裕がない」の一点張りです。また税や福祉の担当からは「すでにシステムが入っているので、使う場面がない」との返事もありました。このままではライセンスが余ってしまい、無駄な支出と指摘されてしまいます。

▶ 課題の背景・問題点

　　RPAの導入による業務へのメリットがわからないという障壁

- ■ 現在の業務の進め方が最も効率的であるという意識
- ■ RPA導入に不可欠な職員の協力がむずかしい余裕のなさ
- ■ システム化されている業務には導入できないという誤解
- ■ 時間外勤務の多さなど業務の特性ではない判断基準
- ■ 成果があがった業務の横展開への認識不足
- ■ 対象業務の見通しがないままのライセンス増発注

▶ 解決の糸口・対応策

　RPAは、パソコンを用いたデスクワークにおいて「人でなくても
できる作業を自動化する」ために活用されています。特に何度も同じ
作業を繰り返し行う業務（入力してはプリントする、あるデータを別
のソフトに転記するなど）が適しているといわれます。紙に書かれた
文字は読めないのですが、電子データで届くふるさと納税や健診結果
などでは直ぐにも効果を発揮できると思います。

　自治体においては紙で届く書類が多く、RPAの効果が見込まれる
業務が少ないという問題があります。私は行政手続のオンライン化を
進めないとRPAの利用も増えないと見込んでいます。

　とはいえ、効果の出る業務はあるのですから、担当者は成果の出た
業務と同様のフローを持つ業務に当たりをつける必要があります。例
えば、情報システムが導入されている部署では、入力済みの電子化さ
れたデータを情報システムから取り出して郵送物を送るような業務に
は有効ではないかと考えます。

　いずれにしても、RPA導入には業務担当者の協力は不可欠です。
他の課の成功事例や他団体で同様の業務に取り入れたという情報を共
有することが効果的です。ある自治体では、年度初めに導入希望を募
る説明会において、導入して効果が出た業務の担当者に成功のポイン
トを話してもらうそうです。RPAの担当者ではなく業務担当者の話
を聞くことで、より真実味が伝わるのではないでしょうか。

　なお、自治体では複数の部署でほぼ同じ業務を行っていることが多
くあります。例えば請求書の依頼メールや支出命令書の作成などで
す。これらは複数の部門で合計するとそれなりの数になると思いま
す。処理結果への責任は各部門が負いますが、RPAの活用は部門ご
とでなくてもよいのです。そのためにも導入に際しては、業務を細分
化して現行の業務の流れを変える・集約するといった業務の見直しを
セットで行うことが必須となります。

| 事例5 | 各部署がバラバラにアプリを導入してしまう |

▶ 事例の概要

　M自治体では、従前より広報に力を入れてきました。自治体のホームページはCMSを活用して各課からスタイルが統一された情報が発信できますし、公式のSNSも多くのフォロワーが付いています。この度、DXの取組みの一環として、自治体の公式アプリを立ち上げることになりました。スマートフォンなどにアプリをダウンロードしてもらい、自治会や学校区などのグループに参加してもらうと、その地域に合った情報の提供を受けることができます。教育委員会では早速学校ごとのグループを作って、保護者への連絡をアプリで行うことで保護者から喜ばれるようになりました。

　担当としてはこのアプリを住民だけでなく、関係人口を増やす仕組みに使いたいと思っているのですが、保育所の欠席連絡など、すでに導入したアプリの担当者からは「今更変えられない」との返事がきてしまい、観光部門や商工部門などでも別のアプリを導入する計画が上がってきており、公式アプリの導入を思ったように進められません。

▶ 課題の背景・問題点

　　公式アプリと導入済のアプリとの調整という障壁

- ■ 特徴が違う各種アプリは同じものを使うのが困難
- ■ 導入済で利用者のいるアプリ変更のむずかしさ
- ■ 住民向け情報とそれ以外の人が欲する情報の相違
- ■ 情報提供だけのアプリで利用者を増やすことのむずかしさ

▶ 解決の糸口・対応策

　まずは、利用するユーザの側に立って考えることが重要だと思います。民間のサービスでも、ポイントを貯めるアプリと使うアプリが別になっている例も見受けますが、統一してもらいたいと思う人が多いのではないでしょうか。とはいっても、これまで使ってきた人の立場もありますし、どちらかは必要ないというケースもあるでしょう。

　私は自治体がアプリを作る時代ではないと思っていますので、それぞれのサービスに応じたアプリをそれぞれの部門で契約するのは仕方ないことであると考えます。しかしながら、利用者のスマートフォンなどに一つの自治体のアプリが複数あることは使い勝手のよいものとはいえませんし、情報発信をそれぞれのアプリに行うことは自治体側にも負担が生じます。そこで、自治体の公式アプリをひとつ立ち上げて、そこから各アプリと連携する仕組みを作るのがよいと思います。スマートフォンには複数のアプリがダウンロードされますが、入り口は1ヵ所で済みますので、ホーム画面には公式アプリだけが残ることとなります。

　住民以外に余計な情報が届くことに懸念を抱く職員もいますが、住民以外にはそのような情報が行かない仕組みを作れますし、親族がその自治体に住んでいるので多くの情報が欲しいという人もいますので、とにかく利用者を増やして自治体の魅力を内外に発信しましょう。利用者を増やしたい場合、ポイントや地域通貨などを付与・利用する機能があると対象が一気に広がります。

　なお、ホームページやSNSとのすみ分けを気にすることと思いますが、プッシュ型で情報が送れる公式アプリは即時性にポイントを絞って、詳細についてはホームページへのリンクを貼ることで、あまり多くの情報を掲載せずに済む仕組みとすることです。CMSを活用して、ひとつの情報を一度の操作で複数のツールに送れる仕組みを構築してください。（第4章第2節3（2）の解説も参照。）

| 事例6 | 行政手続のオンライン化への強力な抵抗 |

▶事例の概要

　N自治体では、行政手続のオンライン化を進めるため、DX担当者を中心に推進プロジェクトを組織して、各種ツールの導入や業務プロセスの見直しなどに取り組んでいます。

　行政手続のオンライン化は今に始まったことではないのですが、職員の意識がなかなか変わらず、プロジェクトメンバーも行き詰まりを感じています。

　職員への説明会を開催すると、決まって「これまでのやり方で問題もなく、住民からの要望もないのだから急ぐ必要はない」「蓄積したノウハウを生かした仕事の仕方は最もリスクが少ないはずだ」「必要な部署だけ対応すればよいのではないか」といった意見が出され、その発言に同調する参加者も少なくないのが現状です。

　また、自分の業務がどう変わるのか、もしかしたらなくなってしまうのか、などとオンライン化に対する懸念や抵抗感も大きいようです。加えて、比較的年齢の高い職員を中心に、新しいシステムに対応できるか不安だという声も聞こえてきます。

▶ 課題の背景・問題点

業務変革への不満・不安という障壁

- ■ 「本人確認」「意思確認」「手数料」「添付書類」「交付物」など対面で簡単に行えた業務を変更することへの不満
- ■ 手続きごとに違う難易度（本人確認で済むもの、複数のステップが必要なもの）
- ■ 年に数件しかない申請をオンライン化する必要性への疑問
- ■ 長年繰り返されている業務フローを変えることへの抵抗
- ■ オンライン化による自身の業務変更への危機感、デジタル化への不安・抵抗感

▶ 解決の糸口・対応策

　行政手続のオンライン化は、担当者任せにせず、自治体としてオンライン化の道筋を示すことが重要です。

　先行して取り組んでいる自治体が各部署にどのような手続きがあるのかを調べた結果によると、自治体の仕事には、2,000以上もの手続きが存在しているようです。これらをオンライン化の難易度ごとにグループ分けなどして、どのグループは何年度までにオンライン化を実現する、といったロードマップを示し、経営層が進捗具合をチェックする仕組みを作ることが肝要です。

　行政手続のオンライン化ツールとしては、デジタル庁が主導している「ぴったりサービス」の他にも、都道府県が先導した共同運営の電子申請サービス、図書館の蔵書予約や粗大ごみの申込みなど業務に特化したシステム、さらには民間事業者の申請ツールなど、多種多様なツールが存在しますので、業務に合ったツールを選べば専門的なスキルは必要なくなりつつあります。特に公共施設の予約やイベントの申

込みなど、ツール導入後早い時点で職員の負荷軽減効果が出る業務もありますので、成功した事例をみせることなどは、反対意見や非協力的な職員への対応に効果があると思います。

　デジタル改革関連法には、「押印・書面の交付等を求める手続の見直し」が含まれていますし、デジタル行政臨時調査会からの報告（「デジタル原則に照らした規制の一括見直しプラン」）を受けて、行政手続のオンライン化の障壁となる事項について、国が法改正や解釈の変更などをもって解消に努めています。一方で、キャッシュレス化やオンライン入力画面の工夫など、国の規制の見直しを待つことなく自治体の取組みによってオンライン化が可能となる手続きは多数あります。

　特に事業者や団体が対象となる手続きについては、「gBizID」（インターネットで行政手続を利用するための共通認証システム）や、団体に払い出した登録番号などの活用、届出のある口座からの引き落としなどが容易に行えますので、個人を対象とした手続きよりも、まずは事業者や団体を対象とした手続きのオンライン化に積極的に取り組み、職員に効果を実感してもらうことをお勧めします。

第 2 節 ｜ 後手になりがちな人材育成への対応と外部人材の活用

この節では、DX推進に欠かせない人材活用について述べます。

前半は、現職職員にどのような育成を行うべきかを現状の課題から探ってみます。DXは1・2年で成果が現れるような取組みではなく、数年後に確かな成果が測れる取組みです。現職職員をどう育成すべきかを計画段階で考える必要があります。

後半は、直近の対策となる外部人材の活用について、事例から課題と解決策を考えます。外部人材の活用と現職職員の育成を同時に考えることで、息の長い取組みに臨むことが可能となります。

1　現職職員の情報リテラシー向上

POINT
- ◎ 育成計画を DX 推進担当者だけで担っては成功しない。
- ◎ すべての職員の自主的な受講を促す手法を考える。

人材活用では外部の人材に注目が集まりがちですが、デジタルツールの活用は現場で働く職員の理解なしでは進みません。

「人的資本経営」という言葉が注目を浴び、成長企業の多くが取り組んでいるように、自治体も現在働いている職員にデジタルスキルを身に付けさせる必要があるのです。第2章で述べたように、すべての職員が高度な専門的スキルを身に付ける必要はありませんが、学校教育において「言語能力と同様に情報活用能力を学習の基盤となる能力」と位置付けたように、自治体職員も情報リテラシーを身に付けて、導入したツールを着実に使いこなすことが求められます。

事例1 | 研修担当部門との調整をいかに図るか

▶ 事例の概要

　O自治体では、首長の強い意向もあって、デジタル化宣言を打ち出してDXへの取組みを進めています。総務課内にDX推進チームを設け、2人の職員が推進計画の策定に取り組んでいます。推進計画の素案ができて経営会議に提出したところ、幹部から「職員の育成について触れられていない。いつまでも外部人材を雇用する訳にはいかないのだから、職員の育成について盛り込むべきでは」という意見が出されました。

　担当者としては、庁内の業務効率化を図りながら、一方で住民サービスに直結する新たなデジタル施策を考えるのが精一杯で、職員の育成にまで手が回せないと考えています。とはいえ、経営層からの意見を無視することはできないので、推進計画には「職員の人材育成」という項目を入れ、年次計画の欄は「職員研修」という事項を立てて、計画期間終了年度まで実施する形にして、形式上意見を反映したような計画案を作りました。

　しかしながら、具体的な実施のイメージはありません。

▶ 事例の背景・問題点

　　DX推進計画において職員の育成まで考慮できないという障壁

- ■ DX推進と職員の育成とは別物であるという意識
- ■ 職員研修を実施すれば職員の育成は十分であるという考え
- ■ 職員の育成を考える際の人事部門との相談の欠如
- ■ 担当者のみでの推進計画の作成、いきなりの経営会議への提案

▶ 解決の糸口・対応策

　もしDXという名称が変わったとしても、DX自体は息の長い取組みになりますので、組織内部で核となる人物を順次育成する必要がありますし、DXの成果を早期に高めたいのであれば、職員全体の意識や知識の底上げを図る必要が生じます。

　全体方針のビジョンを考える際には、この人材育成を意識した上で、推進計画ではどのように育成を進めていくのかを明確に示す必要があります。

　デジタルが得意でDXへの取組み姿勢が前向きな職員にあっても、人材育成となると後ろ向きになってしまう人もいます。同じ部署内に人事・人材育成担当が居るのであれば、気軽に相談できるでしょうが、DX推進と人事とが違う所属になっている組織においても、DX推進の担当者はなんとしても人事部門に人事・人材育成の協力を得るべきだと考えます。ちなみに、総務省の調査によりますと、都道府県は全団体、市区町村では1,311団体で、DX・情報化を推進するための職員育成の取組みを実施しています（「自治体DX・情報化推進概要について」2023年4月28日）。

　私は自治体DX推進の支援依頼を受けた際には、できるだけ人事部門の職員にも打ち合わせに参加してもらえるよう頼んでいます。人事部門は人材育成だけでなく、推進体制の構築や経営層へのDX研修企画など、総務省の全体手順書のステップ0（DXの認識共有・機運醸成）やステップ2（推進体制の整備）にかかわってもらう他に、DXに取り組み始めたステップ3（DXの取組の実行）においても、テレワークの推進やセキュリティ対策の徹底などで協力を求める必要があるからです。経営層のDX研修にかかわってもらい、事務局として講演内容を聞いてもらうことで、DXに取り組む意義や手順などを理解してもらうことができ、その後の協力が得やすくなるのです。

　なお、人材育成は単発の研修実施で成し得るものではありません。

特に、将来自治体でDX推進の核となる職員を育成するためには、長い年月が必要となります。職員数の多い自治体においてはOJTとして日々の業務に携わる中で育成することも可能でしょうが、将来の幹部職員になるジェネラリスト育成のため人事異動が数年ごとに行われる自治体においては、大規模自治体においても幅広い部署から候補者を育成する仕組みを取り入れる必要があると思っています。

　私は豊島区役所勤務時代に、庁内LANを構築して一人１台パソコンを配備する際に、各課から「情報化推進員」というメンバーを推薦してもらいました。そこでは、デジタル化の協力をお願いしましたが、各課のデジタル化に取り組む中で興味が湧き、将来情報政策の仕事をやってみたいという気持ちを持つ職員が一定数現れていました。現場のデジタル化に取り組んだ経験は何物にも代えがたい貴重なものです。

　当時は各課への配慮もあり、情報化推進員を集めて研修を実施する機会は年に１回が限界でしたが、オンラインでの研修やeラーニングが普及した現在においては、計画的にスキルを身に付けてもらうことが可能です。

　今後はコミュニケーションツールやメタバースを用いて自席に居ながら実践的でリアルな技術習得も可能となります。人事・人材育成部門の担当者と知恵を出し合って、将来を担うDX推進担当者の育成計画を練っていきましょう。

事例2 ｜ DXへの取組みを拒む職員への対応

▶ 事例の概要

　P自治体では、全体方針を定め組織体制も整えて、DXへの取り組みを始めました。経営層や管理職員へのDX研修を実施して、次は一般職員への研修です。大規模な自治体で千人以上の職員を一堂に集めるのは無理なので、研修の様子を録画して一定期間内に見てもらい、感想などを報告書に記入して提出してもらうことにしました。

　締切日が過ぎても提出のない職員にはメールで催促を行い、ほぼ全ての職員から報告書が出てきましたが、数名の職員は電話で依頼しても受講する様子がありません。CIOからは全員が受講するよう指示を受けており、上司から先方の上司へと依頼をしたところ、当該職員から「デジタル化を強要されるなら配置転換をお願いしたい」と言われたとの回答がありました。

　担当部署は、研修の受講は業務命令として出せても、拒否反応が強い職員に強要するわけにはいかないから、このままでよいのではないかという考えです。結局、「未受講者○名」として研修結果報告を上げることにしました。

▶ 事例の背景・問題点

　　DXに後ろ向きの職員に研修の意義が伝わらないという障壁

- 研修受講に重きが置かれて、研修内容は二の次になっている状況
- DXはデジタル化だという勘違いが正せない周囲の力不足
- 全職員が同じ方向を向かなければならないというCIOの思い込み
- 付いてこない職員がいても仕方ないという担当者の諦め

▶ 解決の糸口・対応策

　私が豊島区の情報管理課長に就任し、デジタル化を進め始めてから
十数年が経ちました。当時と比べるとスマートフォンの普及やSNS
利用者の増加など、職員のデジタルへの抵抗感は大幅に減ったのでは
ないかと感じています。しかしながら生産年齢といわれる世代におい
てもスマートフォンの所持率が100％に達しないように、すべての人
がデジタルを使いこなせている訳ではありません。公務員といえども
抵抗感を抱く人がいても仕方ないと思います。

　しかし、仕方ないといって、それらの人々を置き去りにしては組織
運営として問題が生じることは言うまでもありません。ただでさえ少
数精鋭の定数管理を行っているのですから、行政運営についてこられ
ない人や反目を抱いている人がいることは、他の職員のモチベーショ
ン維持にも影響を及ぼすこととなるでしょう。自戒を込めて告白しま
すと、私は豊島区の庁舎移転に際しての研修会で「新しい働き方につ
いてこない人は新庁舎で働けなくなる」と発言し、後日職員団体から
抗議を受けて、釈明した経験があります。当時は目指すものに対して
最短距離で進もうとしていましたので、不安を抱えている職員への
フォローアップが欠けていたと反省しています。

　DXへの理解がないままにデジタル化への抵抗感・不信感を抱いて
いるケースが多いと思っています。これまで何度も述べてきました
が、DXで大事なことは業務を効率化して生み出された人的資源で新
たな行政サービスを生み出すことです。デジタル化は効率化・省力化
のための一手段であって、デジタル化することが職員に負荷をかける
ようではDXとはいえません。業務をデジタル化することが目的では
なく、デジタル技術を利用して職員が本来業務に集中できるようにす
ることが真の目的であり、その方法を一緒に考えませんかと問いかけ
ることで、DXに消極的な職員にも前向きな気持ちになってもらえる
のではないでしょうか。

　自治体の支援に伺うと「取組みに前向きな職員を集めて一気に進めようと思います」という決意をお聞きすることがあります。DX推進の初期にあっては、そのような体制で進めることもひとつの方法だと思います。ただ自身の庁舎移転時の反省もあって、私はすべての職員がDXを自分事として捉え、自分の業務がどうすれば効率化・省力化できるのかを考えて欲しいと思っています。すべての職員が参加することで、これまで自治体が取り組んできた業務改革との違いが明確になりますし、その事をわかってもらうために全職員を対象にした研修を行うのだと思います。

　今は多様性を大事にする時代です。DXにおいても「誰一人取り残されない人に優しいデジタル社会」を実現するためには、様々な考えを持った人のアイデアを取り入れる必要があると思っています。デジタル化に抵抗感のある職員には、デジタルデバイド対策の検討チームに入ってもらうのもひとつの手ではないでしょうか。全職員が同じ方向を向く必要はありません。しかし、全職員にそれぞれの立場で取り組んでもらうこと、結果としてすべての職場で職員満足度が高まること、このことが自治体DXの本質です。

　すでに、すべての職員がパソコンを利用して仕事をしている時代です。パソコン利用を嫌がる職員はいないのですから、どうすればパソコンで効率的な仕事ができるのか、どうすれば相手から喜ばれるコミュニケーションが図れるのか、デジタルリテラシーはそこを入り口にしてもよいのではないでしょうか。

2　外部人材受入れの留意点

| POINT | ◎ 自治体として外部人材になにを期待するのかをまず検討する。 |
| | ◎ これまで自治体のデジタル化にかかわってきた内外の人材の力も活用する。 |

　外部人材の活用については、先ずは自治体にどのような人材が必要なのかを確かめる必要があります。著名な人材・他の自治体で実績のある人材を呼び寄せたとしても、自治体側の準備ができていなければ効果を得ることはできません。

　また、情報システムの導入・運用については、これまでも外部の力を借りて進めてきたはずです。DX推進において、これまでかかわってきた人材を使わない手はありません。この点についても、検討すべきだと思います。

事例1 ┃ 外部人材に自治体の特性を理解してもらう

▶ 事例の概要

　Q自治体では、地元民間企業出身の首長のリーダーシップで
DXに取り組み始めました。幹部会議を通じてデジタルに長けた
幹部職員がいないと感じていた首長は、Q自治体出身で数年前
までIT系の企業に勤務していた人物にCIO補佐官への就任をお
願いし、了解が得られました。

　CIO補佐官は就任早々から改善策を提示してきました。最初
に外部の自分とQ自治体職員との連絡手段がメールや電話しか
ないことを知り、在籍していた企業で使っていたコミュニケー
ションツールのライセンスを調達するよう指示がありました。
そこでこのライセンスを調達しましたが、現在はCIO補佐官と
の連絡のためだけに使っています。

　また、知り合いの企業が開発したスマートフォンアプリをQ
自治体の公式アプリとするよう提案がありました。Q自治体で
はすでに複数のアプリを導入しているので、それらを束ねるこ
とができるといいます。しかし、その企業はQ自治体での事業
者登録がないので、どのように調達するか総務課の担当者は思
案に暮れています。

▶ 事例の背景・問題点

採用された外部人材が自治体のルールを知らないという障壁

- 首長の一存によるCIO補佐官の選任
- 首長に意見が言えない組織体質
- CIO補佐官の意見に従わざるを得ない組織体制
- CIO補佐官就任にあたっての、Q自治体のルールの未伝達

▶ 解決の糸口・対応策

　事例は少々乱暴な内容ですが、似たような話を聞くことがあります。私は、民間企業しか知らない人材が自治体の仕事を担うのは無理とは決して思っていませんし、民間企業と自治体とに大きな壁があるとも思っていません。豊島区役所勤務時代から民間企業に学んできている身としては、自治体がDXを進める際には、自治体のルールに疑問を抱き、それを打開するパワーを持った人材がいるとよいと思っています。

　この事例での一番の問題は、外部人材に物申せない状況にあることで、実は外部人材に限らず、自治体の組織運営において最も大きなリスクは声の大きな人物に意見ができない状況ではないかと、日頃から感じています。

　外部人材に話を戻しますと、多くの自治体で採用に当たってポイントとしているのが自治体での経験です。私のような元自治体職員は数多くありませんが、自治体へのコンサルタントの経験や開発案件に携わった経験などを有している人材が採点上有利になるケースが多いと聞きます。

　最近では、シビックテックといって、テクノロジースキルを活かして行政運営に参加したい人たちがNPOを立ち上げるなどの事例もあ

りますので、自ら自治体経験を積むことも可能な時代となってきました。民間の人材サービスを活用する自治体も増えてきましたので、そこに登録することで、自治体との接点が増えてきています。

　フルタイムの勤務を要望すると、事例のような退職者が応募の大多数となってしまうことから、特別職非常勤職員としての任用や準委任という委託契約で、自治体が必要とする時間だけ援助を受ける形態が増えてきて、一方で民間企業側も兼業や副業を認める企業が増えてきていることもあり、今後は民間企業に勤めながら自治体の外部人材として活躍する人物が増えてくるのでしょう。

　その際には、在籍する民間企業に有利になるような利益相反行為が発生しないように入札制限のルールを設けるなど、公平性・透明性の確保に努めることが重要となります。事例にあるようにツールやアプリを紹介されたとしても、それが本当に自治体の方針に合ったものであるか、他にもっとよい製品があるのではないかといった検討を行い、安易に調達に走らない姿勢を持つことが大事です。

　事例のような事態を避けるためには、首長個人に人選を任せるのではなく、自治体としてどのような人材が不足し、求めなければならないのかを検討する必要があります。デジタル人材といっても持っているスキルは多種多様です。自治体経験を重視して採用したものの、自治体の枠に囚われて大胆な助言がもらえないといったことにならないよう、外部人材になにを求めて、どのような助言・業務を依頼したいのかを明確にして、人材募集に臨みましょう。

　なお、事例のような人物ありきのケースでも、公平性・透明性などに問題がなければ、その人物の経歴や性格を踏まえた相応しいポジションを用意することで、力を発揮してもらいましょう。

| 事例2 | 自治体が保有する人的リソースを活用する |

▶ 事例の概要

　R自治体では、汎用コンピュータ全盛期に地元で起業したIT事業者と長年にわたり契約を続けています。情報システムは他社のパッケージシステムへと変わりましたが、ネットワークやパソコンなどの保守は当該事業者への委託を続け、保守要員として派遣されているSEは、庁内LAN敷設時からR自治体の担当として情報システムを知り尽くしていますし、職員もこのSEを頼りにしています。

　DX推進に当たって、R自治体ではCIO補佐官を任用しました。就任したCIO補佐官はIT事業者との長年にわたる契約に問題を感じているようで、事業者に委託料金の詳細を提出するよう依頼しました。

　IT事業者からは詳細の金額とともに「R自治体からの依頼もあってベテランのSEをほぼ専任させているため、保守料金が他の自治体よりも高い」という説明がありました。CIO補佐官からは「来年度から当該SEの出勤日を半分にして、早々に若手SEに引き継がせるように」との指示があり、情報システムの担当はどう返答したものかと迷っています。

▶ 事例の背景・問題点

外部人材から委託事業体制の見直しを指示されるという障壁

- CIO補佐官からの一般論での体制の見直し提案
- 情報システム担当者の委託事業者SEへの強い依存
- 数年で異動する情報システム担当のスキル習得の時間不足
- 委託契約でありながらも実際は人物ありきの契約

▶ 解決の糸口・対応策

　事例のように、DXに取り組む前から外部の人材を活用してきた自治体は多数あると思います。私も豊島区情報管理課長時代は保守事業者のSEとネットワーク事業者のSEに大きな信頼を寄せていて、保守事業者を集めた会議では両名に意見を求めることもありましたし、職員のスキル習得にも力を貸してもらいました。他にも非常勤職員や臨時職員として運用保守に尽力しているなど、自治体情報システム分野での外部人材の活用は今に始まったことではありません。

　その背景には自治体の人事異動サイクルがあります。私が一般職員の時代には情報システム部門は特例扱いで、多くの自治体に10年以上在籍している職員がいましたが、現在においてそのような特別扱いはほぼ見当たりません。担当職員が減らされて、その上に異動サイクルが短くなったのですから、外部人材の力を借りて安定稼働に努めていくことは当然の結果でもありました。

　DXに取り組むに当たって総務省からの助言もあり、今後はCIO補佐官を始めとする外部人材の活用が進むことと思います。これまで述べてきたように、情報システム部門がDX推進の担当になる必要はありませんが、密な連携は必要ですし、任用された外部人材もデジタルの知識を持ち合わせていますので、情報システムの保守運用に絡んで

くるのは必然でしょう。

　事例のCIO補佐官の助言は的を射ていると考えます。情報システムの保守が俗人での対応になっているのは危険ですから、一刻も早く引き継げるようドキュメントの整備を行うべきなのです。

　しかし長年にわたる経験は簡単には引き継げません。それ以前に情報システム担当に知識が備わっていないのですから、当該SEにはCIO補佐官の相談役として、当面はこれまで通りに働いてもらい、ドキュメント整備に時間をかけてもらってはいかがかと考えます。

　なお、委託事業者の社員でいると利益相反のおそれが生じて相談もままならないというのであれば、外部人材として直接契約するという手法もあります。当該SEが退職しなくても済む方法をIT事業者と考えてみましょう。当然委託契約の更新にかかわる仕事やIT事業者が絡む調達案件への協力依頼はできませんが、当該自治体のネットワークや情報セキュリティへの理解と経験は、DX推進に不可欠な新たなツールの調達の際に必ず役立つはずです。

　第2章第2節で述べましたように、自治体には多種多様な人的リソースがあります。これまで情報システムに携わってきた事業者や非常勤職員なども貴重な資源です。それらの人々の知恵や経験を使わない手はありません。

　自治体DXがすべての職員の知恵と工夫を必要とするように、すでに存在している外部人材の力も借りましょう。新たに任用する外部人材と自治体がすでに持っている人的リソース、そしてすべての職員の英知が結集した時に、DXによって現在では想像できない新たな行政サービスが生み出されることでしょう。

第3節 | 事業者選定で躓きやすい事項とその対応

　この節では、DXを進める際に必須となる事業者選定のポイントについて、事例をあげて課題と解決案を解説していきます。これまで自治体の事業者選定においては、間違いや手戻りが生じないよう、慎重に着実な手順を踏んで進めてきました。しかし、DXを進める際にはスピード感と将来性といった、これまでにない視点も加味しなければなりません。

　節の前半では仕様書作成と情報セキュリティのポイントを、後半では業者登録と契約方法の今後のあり方を述べてみたいと思います。

1　全体最適の視点に立った仕様書作成とクラウド活用

| POINT | ◎ 事業者が提示してきた仕様書案を他の事業者にも見てもらう。 |
| | ◎ クラウド利用を前提にセキュリティ強靭化を考える。 |

　DXの取組みが本格化されると、様々なデジタルツールを調達することとなります。公平性と公正性を担保するためにも事業者選定をしっかりと行う必要がありますが、多数の調達が並行して行われることもあり、人的リソースの確保がポイントとなります。

　また、調達後の人的リソースを考えると、国が進めるクラウド・バイ・デフォルトで調達を進めることも大事な視点となっています。

事例1 ｜ 仕様書を事業者に作らせてはいけない理由

▶ 事例の概要

　S自治体では、総務課情報係がDXの担当となりました。係長含め計3名の職員が、広報と防災の仕事も併せて業務を担っています。

　DXへの最初の取組みとして、前回の調達から6年が経過した職員のパソコンとサーバ類の更新を行うことになりました。これまではデスクトップ型のパソコンを利用していましたが、持ち運びができる軽量パソコンへと変更し、会議室を無線LANにして、ペーパレス化に取り組みたいと考えています。自分たちでは仕様書を作成するスキルも時間もないので、前回の調達で契約した事業者にお願いして仕様書案を作成してもらうことにしました。

　県が契約してS自治体のDX推進研修の講師として派遣されてきた外部人材に、事業者から出てきた仕様書案を見てもらったところ、「これでは調達の目的が分からない。仕様書はS自治体が作るべきである」と強い口調で返されてしまいました。

　日々の仕事に精一杯で仕様書を考える時間などありません。そもそも事業者から出てきた仕様書案のどこに問題があるのかもわかりません。

　3名は途方に暮れてしまいました。

▶ **事例の背景・問題点**

職員にスキルも時間もなく仕様書が作成できないという障壁

- 担当職員の業務多忙による余力のなさ
- 仕様書作成という専門性が必要な作業に対するスキル不足
- 仕様書作成の外部依頼の予算措置が不可
- 外部人材の自治体の状況に対する認識不足

▶ **解決の糸口・対応策**

　担当者としては、外部人材に仕様書の各項目をチェックして欲しかったのでしょうが、相談したことで思わぬ方向に進んでしまいました。県から派遣された外部人材は、小規模自治体では情報システム担当が専任ではないという事実を知らなかったのかもしれません。

　しかし、外部人材のこの指摘は間違ってはいません。事業者に仕様書案の作成を依頼した場合、大抵は仕様の細目については企業内で時間をかけて検討しますが、「調達の目的」などについては検討しないでしょうから、ありきたりな文章となるのは当然です。

　随意契約や製品指定の調達は別として、一般的な競争調達においては、仕様書の冒頭に記載される「調達の背景」や「調達の目的」は事業者側にとってとても重要な役割を果たします。入札金額の見積りや提案書の作成において、自治体がなんのためになにを欲しがっているのかを押さえることで、仕様の細目に記述されている内容の理解に繋げていく作業へと進めます。

　事例でいえば、自治体が目指す姿は「会議の際にパソコンを持ち寄って資料のペーパレス化を進めること」であり、会議室にパソコンを持ち込める環境とそこで資料が見られる環境を構築しなければならないこととなります。ここが押さえられると、事業者側は仕様の細目に書

かれている機器やスペックがその条件を満たしているのか、どの程度のスペックにすれば安定した運用に繋がるのかなどを検討し、提案する機器の選定に入ります。

　一方で、「調達の目的」がはっきりしない場合には、事業者は仕様の細目に書かれた通りの機器構成にせざるを得ず、細目に漏れがあった場合には取り返しがつかず運用に支障が生じる、といったリスクを背負うこととなります。また事業者からの追加提案が出てこない、的外れな提案が出るなど、「期待以上の調達」も望めないこととなります。

　担当職員に余裕がない自治体においては、職員が一から仕様書を作成する必要はありません。大規模な自治体が予算獲得前にRFIを実施して応募してきた事業者から情報を得るように、どんな自治体においても予算確定前に複数の事業者から情報を集めればよいのです。自治体側から仕様書を出すことが困難なのですから、まずは現在お付き合いのある事業者に仕様書案を作ってもらい、それを他の事業者に見てもらって、意見をもらえばよいと考えます。

　そして、「調達の目的」や「調達の背景」については、全体最適の視点に立ち、自治体側で加えましょう。ここについては専門的なスキルを必要としませんし、予算要求資料などにも記載する内容ですので、しっかりと検討して記述してください。事業者が作成した仕様書案は、どうしてもその事業者が有利になる内容が含まれます。仕様書自体は調達時に公開されるものですから、調達前に別の事業者に見てもらい、意見をもらって検討することになんら問題はないと思います。

　なお、本来であれば、仕様書作成が自分たちでできない場合は、コンサルタントなどに仕様書案の作成を依頼する予算を獲得すべきなのですが、それがむずかしいのであれば外部人材の活用によって補うなど、将来的には自治体自らが仕様書を作成できるような体制が組めるようになることが求められます。

| 事例2 | クラウド活用と情報セキュリティ |

▶ 事例の概要

　T自治体では、情報セキュリティポリシーで「機密性3の情報を外部に出してはならない」との規定があります。「機密性3」には住民の個人情報が含まれますので、このままでは住民情報を扱うシステムは外部のデータセンターに預けられないこととなります。幸いなことに個人情報保護法の改正によって、外部のデータセンターに情報を預ける際には個人情報保護審議会の諮問が必要という条例は廃止となりましたので、今後はポリシーを改正して基幹系20業務の情報システムをガバメントクラウドに移行することになります。

　一方で、庁内には「当自治体には堅牢なサーバルームがあるのだから、法律が定めた20業務以外はクラウドに移すべきではない」という意見があります。DX推進担当としては、国が提供する情報システムがクラウドに構築されていること、クラウド・バイ・デフォルトという国の方針が出されていること、自前で情報システムを構築するよりもクラウド上のサービスを利用するほうが素早く始められることなどから、一刻も早くポリシーを変えたいと思っています。

　しかしながら、今後の情報セキュリティの方向性がみえないため、大いに悩んでいます。

▶ 事例の背景・問題点

国の情報セキュリティ強靭化の方向性がみえないという障壁

- すべての自治体が基幹系20業務をガバメントクラウドに移行
- 移行に当たっては情報セキュリティポリシーを変更することが必要
- 該当システムだけかすべてを許可するのかの判断は自治体次第
- 今後の動きが見通せない中でのポリシーの改正

▶ 解決の糸口・対応策

　自治体業務のデジタル化を支援している私には様々な質問が寄せられますが、最も多い質問は情報セキュリティに関するものです。

　テレワークの推進では当然として、ＤＸを進めるために各種のツールを導入・調達する際に、必ずといっていいほど情報セキュリティの課題に突き当たります。私が総務省や文部科学省で自治体情報セキュリティの仕事にかかわっているという経歴に関係なく、自治体にＤＸの支援を行っている方々には同様の質問が寄せられているのでしょう。

　総務省では2023年3月に「地方公共団体における情報セキュリティポリシーに関するガイドライン」の改定を行いました。2022年10月に閣議決定された「地方公共団体情報システム標準化基本方針」を受けて、情報システムの標準化・共通化の動向に対応し、標準準拠システム等をクラウドサービス上で利用する際のセキュリティ対策を整理したことや、外部委託先に起因する個人情報流出事案が起きたことが背景にありますが（総務省「「地方公共団体における情報セキュリティポリシーに関するガイドライン」等の改定について」令和5年3月28日）、かつては3年を目安に行ってきたガイドライン改定作業を3年度続けて行った背景には、自治体を取り巻くデジタル環境が猛烈なスピードで変化していることがあると思います。

　これまでも自治体間で協定を組み、情報システムを共同で調達・運用する「自治体クラウド」はありましたが、多くのケースでは共同調達はするものの、情報システムは設計・構築することで、情報資産すべてを所有する形式でした。この度の基幹系20業務は事業者が構築した情報システムに使用料を払って活用する形式ですので、クラウド本来の目的である「所有から利用へ」と舵を切ることとなります。

　一方で改定されたガイドラインを見ますと、新たに第4編に「地方公共団体におけるクラウド利用等に関する特則」として、標準準拠システム等をクラウドサービス上で運用する場合のセキュリティ対策が加わりましたが、機密性2以上の情報を取り扱う外部サービスの利用については、慎重に検討すべきといったニュアンスの記載となっており、今回の改定版にも基幹系20業務以外の業務システムについては、クラウド利用を必須とするような記載はなく、自治体の判断に委ねられたままです。

　私は文部科学省の「教育情報セキュリティポリシーに関するガイドライン」改訂検討会の座長を務めていることもあり、クラウドサービスの利用には積極的に賛成の立場です。その理由は、自前のデータセンターやサーバールームに情報資産を保有していると、維持管理や保守に多大な労力を要するので、より安心できる事業者に維持管理を任せて、自治体や教育委員会はそこで生み出された人的リソースを新たな仕事につぎ込めばよいと思うからです。この考えはDXに相通じるものではないでしょうか。

　情報セキュリティを取り巻く環境は日進月歩で変わりますので、先を見通すことは困難です。しかし、クラウド利用の形態にはSaaSと呼ばれる事業者が構築したアプリの利用形態だけでなく、IaaSやPaaSと呼ばれるデータセンター事業者が用意する機器やソフトウェアを利用しつつも自前のアプリを構築する手法も取れます。クラウド・バイ・デフォルトを念頭に、職員の負担を少しでも軽減する手法を選んではいかがかと思っています。

2　DXを後押しする契約事務

POINT

◎ 事業者登録制度の見直しをDXの取り組みに位置付ける。

◎ アジャイル型の開発手法では開発と保守の境はない。

　デジタルツールの導入に際しては、仕様書作成や情報セキュリティといった専門性にかかわる課題だけでなく、契約事務や会計事務といった自治体独自のルールが障壁となるケースを見受けます。

　日進月歩の進化を遂げているデジタルツールの調達では、これまでの常識にとらわれない新たなルールを設ける必要も出てきます。なによりもDXには、契約部門や会計部門にも業務改革によって人的リソースを生み出すことが含まれていることを、忘れてはなりません。

事例1 ┃ スタートアップ企業のサービスを利用する

▶ **事例の概要**

　U自治体の事業者登録は、2年ごとにすべての事業者に書類の提出を求めます。審査の都合上、書類の提出期間を設けて、締切り後の提出は受け付けません。ただし1年後に、前回の提出後に新たに登録を希望する事業者を対象に書類の提出を受け付けますが、その際の登録期間は1年間となります。

　この度、昨年U自治体に移住してきた元IT企業のSEが起業して、言語認識のAIを使った文字起こしツールを開発し、U自治体の担当者にデモを行いました。これまでに各種のフェアなどで見てきた他のツールよりも正確で方言にも対応できるという優れものです。お試し価格で導入してもらえることから上司と相談し、予算の担保も得られました。

　ところが、契約担当から登録事業者でないため契約ができないとの指摘がなされました。すでに登録のある事業者を通して調達するには、事業者間の調整や中間マージンが発生するためお試し価格では購入できません。

　すでに事業者登録の書類提出期間は過ぎてしまったため、約1年待たなければ契約が結べない事態となっています。

▶ 事例の背景・問題点

　自治体の事業者登録制度により契約ができないという障壁

■ 事業者登録をしないと契約が結べないという規則、事業者登録の受付期間のルール

■ 契約金額にかかわらず同じルールを適用

■ スタートアップ企業育成の仕組みの欠如

■ 契約規則を見直そうとする姿勢の欠如

▶ 解決の糸口・対応策

　自治体がDXに取り組む際に、意外なほどに障壁となるのは契約事務手続です。民間にも似たような規則がある企業がありますが、公平性と透明性とを守らなければならない自治体では契約規則を安易に変えることはできませんし、手続きを踏まずに例外を作ることはかないません。事例のような問題は多くの自治体で起きていると思います。

　事業者登録の制度については、自治体ごとにルールが違っていて、事業者側に負担が生じていることが問題です。事業者登録の期間や書類受付の期間、提出する書類や提出方法までもが自治体ごとのルールとなっています。複数の自治体と契約して人材をシェアすることで利益を確保するIT系の企業としては、それぞれの自治体のルールを把握し、登録に漏れることのないよう気を遣います。またその度に登記謄本や印鑑証明書、納税証明書などの原本の提出が求められます。専用の部門を抱える大企業なら証明書を準備できますが、中小企業においてはその度に登記所や税務署に通う必要が生じますので、登録する自治体を絞らざるを得ない状況となります。

　ただし、最近は一部の自治体で好事例が出てきています。私が立ち上げにかかわった「東京電子自治体共同運営協議会」の電子調達サー

ビスでは、参加している自治体や団体の事業者登録を一括で受け付ける仕組みがあります。事業者側で登録を希望する自治体・団体を選択すると代表となった自治体が審査を行い、審査が通った事業者は希望したすべての自治体への登録がなされます。また、私がCIO補佐官を務めているある自治体では、県の事業者登録がなされている事業者は県から情報が得られるため、当該自治体へは申請書のみで添付書類が不要となりました。同様の取組みは全国各地でみられます。

　また、スタートアップ企業への対策については、政府が新たな付加価値を生み出す企業を増加させることを目指していることや、「デジタル田園都市国家構想」でスタートアップエコシステムの重要性が謳われていることもあり、今後自治体においても取り組むべき課題になることと思われます。スタートアップ企業を育成するという観点からも、契約事務の新たな対応が求められます。

　2022年12月に公表された「デジタル田園都市国家構想交付金デジタル実装タイプ TYPE1/2/3等制度概要」には、参考資料として「東京都トライアル発注認定制度」が掲載されています。また同資料には「トライアル発注全国ネットワークとして組織化し41の都道府県が参加」とありますので、今後は随意契約による発注を可能とするための認定制度が多くの自治体に導入されるでしょう。

　私は契約事務の見直しはDX推進と同時に進めるべきだと考えます。デジタルツールの活用を必須とする必要はありませんが、東京電子自治体共同運営協議会の仕組みによって、各自治体の契約事務担当者の負担が大幅に減ったように、事業者登録を始めとする契約事務のルールを見直すことで、担当者を単純作業から解放し、より高度な業務に充てることが可能となるからです。

　今こそ長年常識とされてきた契約事務規則を見直しましょう。

事例2 アジャイル開発に適した契約方法

▶ **事例の概要**

　Ｖ自治体では、情報システムの開発においては、開発の契約と保守の契約とを分けて、開発経費の見積りをベースに開発の契約を交わし、開発の終了がみえてきた時点で保守経費の見積りを取得して契約を交わす慣例となっていました。

　大型の開発案件は少なくなったとはいえ、人口100万人を超える自治体ですので、他の自治体で採用されたパッケージ製品をそのまま利用することがむずかしく、一定の開発行為が必要となるため、上記のルールは今も守られています。

　この度DXの一環で窓口業務サービスを変えることとなりました。「書かない窓口」を実現するためにサポートするシステムを調達します。提案内容にアジャイル型の開発手法で行うという事業者があり、自治体の要望を組み入れてもらうにはよい仕組みだということから優先事業者に選ばれました。

　ところが事業者からは、アジャイル開発である以上、開発と保守とに契約を分けるのはむずかしいという相談が寄せられました。これまでの慣例を変える必要はあるのでしょうか。

▶ **事例の背景・問題点**

　従来の慣例では新たな開発手法の契約ができないという障壁

- 大型案件時代の慣例
- 様々な契約形態の検討不足
- アジャイル型を選ぶ際の契約形態の未検討
- 事業者側の柔軟性不足

▶ 解決の糸口・対応策

　アジャイル型の開発手法については第 2 章第 1 節で説明したとおり、従来の「ウォーターフォール型」と呼ばれる手戻りが起きないように開発を進めていく手法に対して、「イテレート」と呼ばれる短い期間の中で試作品を作っては修正を加えるというサイクルを繰り返して完成品に近づける手法です。

　完成形がはっきりとみえている情報システムであれば、従来のウォーターフォール型で問題がないのですが、事例のような他に事例がないような情報システムや変動要素の多い案件などでは、アジャイル型の開発手法が適しているといわれます。また最近では「DevOps」という開発チームと運用チームとが合体して開発に当たる考え方が現れてきました。事例でも窓口担当者の意見を聞きながら開発を進めていくのであれば、DevOps を取り入れたアジャイル型開発といえるでしょう。

　この考え方の素晴らしい点は、完成という概念がないことです。運用してみて気になる点を修正していくという考え方は、開発と保守という境を取り払うことになります。

　このようにデジタル化が一層進む現在においては、これまでの慣例が通じないケースが数多く出現してきます。その際に「これまではこうしていたから今回もそれで」「うちはこうだから、それに合わせて」といったやり方は通用するのでしょうか。法律など自治体では如何ともし難いことは、国の規制緩和を期待するしかありませんが、条例や規則など自治体が自ら制定したものは、自治体が変えることができるのです。ましてや要項や慣例といったものであれば、なにも遠慮することはありません。次世代を担う職員のためにも、時代に合わせたルールに変えていきましょう。

　なおこの事例では、今後の契約について、都度見積りを取って予算化するという点では V 自治体の慣例に沿ったものとなります。今後

は全国の自治体が保持している情報システムの保守料金についても、物価高による料金の見直しが発生する可能性が高くなりますので、契約料金は常に変動を伴うものとして頭を切り替えましょう。

　これからの情報システムは作って終わりではなく、時代にマッチするように頻繁に見直しを行って、その時々の行政サービスに合わせる柔軟性を持たせる必要が生じます。情報システムの調達・契約においても、まさに変革（トランスフォーメーション）が求められているのです。

第4章

DXで
「新しい仕事の仕方」
「新しい社会」を創る

第1節 ｜ 自治体の「新しい仕事の仕方」

1　ペーパーレス化とデジタル化

POINT	◎ ペーパーレス化ではなくデジタル化を目標とする。
	◎ デジタル化を進める上で欠かせないのは完全性を保つことである。

　ここまで、第1章では自治体がDXに取り組む意義と背景、第2章ではDXに取り組む手順、第3章ではDXを進める際の障壁となりそうな事項とその対処方法についてお伝えしてきました。

　第4章では、自治体がDXへの取組みを進めた先の姿をお伝えしたいと思います。不確実な社会にあって未来を語るのは無謀なこととの指摘もあるかもしれませんが、先行して取り組んでいる自治体の動きを参考に、将来像を考えてみたいと思います。

（1）　ペーパーレス化とデジタル化の違いを押さえる

　ここまで何度も、先ずは自治体内部のデジタル化から取り組むことをお勧めしてきました。行政手続のオンライン化を進めても、決裁を取るために紙に打ち出すといった非効率な事務の進め方をしないようにするためです。

　自治体内部のデジタル化と同様の概念にペーパーレス化があります。全体方針を打ち出した自治体においても、行政のペーパーレス化を目標にあげている事例を見受けます。私はペーパーレス化とデジタル化との違いを押さえるべきだと思っています。

　わかりやすい事例として会議のあり方を考えてみます。会議をペーパーレス化するには、会議室の設えが重要となります。大型スクリーンに会議資料を映し出して、参加者はスクリーンを見ながら会議を進めるという方法もありますが、議論が進むにつれて資料を行ったり来たりすることが増えるため、手元に資料が欲しくなります。そうなると各自の手元にパソコン等を用意して、それを活用して会議を進めることで、会議のペーパーレス化は実現できることとなります。

　一方の会議のデジタル化においては、会議室の設えよりも会議資料の共有化がポイントとなります。会議そのものがペーパーレスになっても、資料を後で見返したり、部下などの関係者に資料を見せたりすることは多々あると思います。その際に、会議資料が共有されていないと、事務局に依頼して紙の資料を持ってきてもらうこととなってしまいます。また、ペーパーレス化に努めるためにメールなどで資料を送ってもらったとしても、その後の管理は事務局のあずかり知らぬこととなり、紙への出力や複製が次々と行われるなど、共有化とは程遠い状況となってしまいます。

　デジタル化を進めるということは、会議資料を必要とする人に同一の資料が提供できる状態にすることです。デジタル化を進めることでアクセス権を設定したり、ログによって誰が資料を出力したのかを確認したりできるなど、資料の管理が可能となります。

　このように、ペーパーレス化とデジタル化とでは目指す姿がまったく違うことがおわかりいただけると思います。目指すものがペーパーレス化なのかデジタル化なのかをしっかりと確認しましょう。

　この違いを理解できれば、自治体DXで最初に取り組むものがデジタル化であることに気付いていただけると思います。

(2)　デジタルデータの一元化で完全性を保つ

　残念なことに、多くの自治体で公文書と呼ばれるものが散在しています。文書管理として一元化されるべき文書が、あちらこちらのフォ

ルダに存在していたり、紙の資料もファイルキャビネットだけでなく、ひどい場合には決裁印の押された原本文書がいち職員の引出しに仕舞われていたりといったケースもあると聞きます。

　文書管理システムや電子決裁システムが未導入で、未だに紙に打ち出した文書で決裁を取っている自治体においては、紙と電子で二重に文書を持つことは仕方ないのですが、大事なことはその文書を容易に見つけ出せるのか、見つけ出した文書は間違いなく最終版（途中経過を知りたい場合は、その時点のもの）なのかという点です。

　情報セキュリティ対策では、機密性・可用性・完全性の3つの要素を確保することが重要だといわれます。情報セキュリティはデジタル文書だけが対象ではありません。自治体において、機密性の確保は従前からしっかりと対策を打っており、紙の文書においても「部外秘」扱いの文書などは保管方法に工夫がなされていますが、パソコンが普及した現状においては、可用性と完全性の確保がむずかしくなっています。

　必要な資料がすぐに用意できるのかという可用性の確保については、デジタル化によって紙の時代よりも容易になっているはずですが、自治体の合併や庁舎移転、さらには事務組合の設立などによって、過去の資料を見つけ出すことに多大な時間を要しています。ある自治体では、庁舎移転後10年程度にもかかわらず文書保管の場所が不足していて、通路に決裁文書が置かれている状況にありました。これではどこを探してよいかもわかりません。

　さらに、完全性の確保については、パソコンの普及がより混迷を深める結果となっています。先にあげたように、デジタルデータは複製が簡単に行えますので、様々なフォルダに保管されてしまいます。保管するだけであればまだしも、それぞれがデータに手を加えることで、どれがオリジナルなのかわからなくなります。課長が指摘した内容が反映されていないデータを部長にみせてしまい、会議に出された資料はなんらかの指摘が漏れている、といった事故も起きています。紙の

時代には起こり得ない事故がデジタル化で生じているのです。

　これから取り組むDXにおいては、これらの問題を解決することが次のステップへと進む足がかりとなります。そのためにはデジタルデータの一元化を図り、完全性を確保するためのルール作りを行いましょう。過去の文書のデジタル化に取り組む自治体もありますが、予算も人員も不足している自治体においては、これから発生する文書をデジタル化することで、5年後には保管場所が広げられる取組みを勧めています。

「原本は紙であっても活用するためデジタル化」の考えで可用性と完全性を確保していきましょう。

2　新たな便利ツールを積極的に取り入れる

POINT
◎ これからは働くスタイルに合わせた機器を配備すべきである。

◎ 近い将来AIアシスタントを利用して働くようになる。

（1）　職員に配備するパソコンのあり方を考える

　第1章で「自治体の働き方は一人1台のパソコンが配備されて以降20年近く変わっていない」と述べました。自治体職員に奮起を促すためにかなり過激な表現を使いましたが、20年前の2003年は、2001年に構築されたLGWANに全国すべての自治体が接続を終え、8月には住民基本台帳ネットワークシステムが本格稼働（第二次稼働）して、住民基本台帳カードの発行が始まった年です。

　通信技術としては、2000年11月にIT基本法が成立し、その後公表された「e-Japan戦略」で目標とされた「高速インターネット網（DSL）」や「超高速インターネット網（FTTH）」が、それまでの

ISDN回線から置き換わったこともあり、当時普及が進んでいた携帯電話（ガラ携）がインターネットに繋がって、メールの活用が一気に広がるとともに、携帯電話用のインターネットサービスが登場してきていました。

　このように振り返ってみると、一世代も二世代も前の話だと感じられると思います。携帯電話用のインターネットサービスが終了するだけでなく、携帯電話よりも後に現れたPHSもサービスが終了となりました。住民基本台帳カードの所持者も限られるほどです。にもかかわらず、自治体では相変わらず電話用ケーブルと固定電話を使った電話やFAX、さらにはインターネットメールによる情報交換が主流であるように見受けられます。IP対応可能な高価な電話交換機（PBX）が導入されていても同様の状況であることに、思わずため息が出てしまいます。

　私はスマートフォンを職員に配備しろとは言いません。高性能なパソコンを配備しているのですから、そちらを有効に活用すべきであると考えます。

　昨今では、パソコン入れ替えのタイミングで軽量化を図る自治体が増えています。職員は必ずしも自席で働く訳ではありませんので、窓口や設計などで使う特殊なパソコンを除けば、持ち運びを考えた無線LANに対応可能なパソコンとすべきでしょうし、その際には持ち運んだ先でコミュニケーションが図れるよう、電話も可能なコミュニケーションツールを導入してはいかがかと考えます。

　また、頻繁に外出のある職員や、保健師や保育士など現場で働く職員には、高性能なパソコンよりも、タブレットやスマートフォンなどの持ち歩くことを前提に設計された機器を配備することを検討してはいかがかと思います。それらの機器は、置き忘れや盗難に備えてリモートワイプの機能がありますし、そもそもデータを本体に残せません。これからは働くスタイルに合わせた機器の配備も有効ではないでしょうか。

(2)　デジタルツールを積極的に活用する

　時代にマッチした働き方を考える際には、機器に注目するだけでなく、ソフトウェアや職場環境にも目を向けるべきです。デジタル化がより一層進むとパソコンなどの電子機器を使っての業務が増えてくるのですが、仕事を担うのはすべて人である必要はありません。機器の中に入っているAIやロボットなどデジタルツールを最大限活用して、職員は職員にしかできない仕事に専念することが、DX実現のポイントとなります。

　ここ数年でAIやロボットの性能が驚くほどに進化しています。さらに、世界中でDXやGX（グリーントランスフォーメーション：脱炭素社会への変革）への取組みが一層盛んになることで、相乗効果でデジタルツールが身近なものになってきています。私たちの身の回りの家電製品をみても、ロボット化された掃除機やセンサーで得たデータでAIが過熱を調整する調理器など、至るところでデジタルツールが人の手助けをしています。

　実は自治体の職場にもこれらの恩恵は届き始めています。ひとつの例としてあげるのは、パソコンの機能向上です。パソコンに搭載されている日本語文字入力ツールは、文字入力の際に候補を出してくれます。一昔前のバージョンでは個人用の辞書に登録する必要がありましたが、今のバージョンではAIが個人の特性を把握して候補の文字を複数提示します。また文章作成ソフトには音声入力や文書校正の機能が付いていて、AIがアシストしてくれますので、本書の執筆作業をはじめ、私は常に最新バージョンを大いに活用しています。

　近い将来、自治体職員もAIアシスタントを活用して働くようになると思っています。すでに多くの家庭にAIスピーカーが普及して、人の言葉を理解してインターネットから情報を返してくれるように、職員が話しかけると文字にするだけでなく、グループウェアやファイルサービスなどから情報を返してくれる、インターネット側で作業を

していればインターネットから情報を探してきてくれるようになり、職員が調べるという作業を大幅に軽減してくれるでしょう。

そのためにも、先に述べた「情報を一元化して完全性を確保する」という事前作業が求められるのです。

またパソコンでロボットを使うこと、つまりRPAの活用も間違いなく広まります。今は業務の一部に紙での作業が混在するなど、RPA活用を妨げる要因がありますが、国の規制改革や行政手続のオンライン化、電子帳簿保存法の2024年1月の完全義務化などでデジタル化が進み、自治体業務システムの標準化・共通化によって審査・入力業務にRPAが使われ始めてくると、自治体への普及は一気に進みます。

マイナンバー利用系のネットワークだけでなく、LGWAN接続系やインターネット系のサーバにRPAを構築すれば全職員が利用できるようになりますので、10回程度の反復作業でもRPAを使うことで、職員は単純作業から解放されて、本来職員でなければできない仕事に専念できるでしょう。

デジタルツールを積極的に活用する自治体ほど、新たな行政サービスに着手できるようになるのです。

3　新たな行政サービスに欠かせない公務員のテレワーク

POINT

◎ DX推進の底上げにつながるテレワークという新しい働き方を自ら体験する。

◎ テレワーク環境は住民や関係者との膝を交えた交流を可能にする。

（1）　テレワークを体験して視野を広げる

自治体の「新しい仕事の仕方」を考える際に絶対に外せないのは、

「テレワークの推進」です。自治体DX推進計画の６つの重点取組事項にありますが、新型コロナウイルスへの対応が「ウイズコロナ」へと移ってから、自治体でのテレワークの取組みが足踏みをしているようにみえますので、この場で今一度必要性を訴えたいと思います。

　新型コロナウイルスのパンデミックを体験した私たちは、テレワークは事業継続に有効な働き方であることを理解したのではないかと思います。新型コロナウイルスへの対応が以前と違う局面に入ったからといって安心して、次のパンデミックへの対応を怠ってはなりませんし、気候変動に伴う災害の激甚化はどこの自治体においても脅威となっています。

　なによりも、自治体はパンデミックや災害対応の司令塔としていち早く動くことが求められます。幹部職員が集まらないからといって対策要員に指示を待たせる訳にはいかないのですから、最低でも災害対策本部のメンバーには、どこからでも会議に参加できる仕組みを設けておくべきでしょう。

　その際に災害対策専用の会議システムを用意したとしても、日頃使っているファイルサービスやグループウェアとの連携を図るのはむずかしいでしょうし、いざという時のために訓練を積み重ねることも大変です。日頃の仕事がリモートからでも行えるテレワークシステムを構築しておくことで、災害発生時にも慌てずに災害対策会議に参加できるのではないでしょうか。

　それでは幹部職員だけがテレワークを行えればよいのかというと、構築したテレワークシステムを普段使わないのは勿体ないことです。親の介護や子どもの看護など様々な家庭環境に置かれている職員がいますので、構築したテレワークシステムをそういった職員に開放すればよいと思います。またどの職員においても、いつ自分が介護や看護に直面してもいいように、日頃からテレワークを行ってみることで訓練にもなりますし、実際にテレワークを行ってみると、自分の業務がアナログなことに気付きます。

　テレワークだと生産性が落ちるといって諦めるのではなく、生産性を落とさないために改善することで、いざという時に対応できるだけでなく、職場での業務の生産性向上にもつながることを知っていただきたいのです。

　新型コロナウイルスの第1波が収まった2020年6月に内閣府が実施した「新型コロナウイルス感染症の影響下における生活意識・行動の変化に関する調査」によりますと、「仕事と生活のどちらを重視したいか」という意識に変化はあったか、という設問と「職業選択、副業等の希望」は変化したか、という設問において、どちらも第1波の期間にテレワークを経験した人は、経験していない人よりも倍近く「変化した」と答えています。この調査は民間企業に勤める人も含んだ調査ではありますが、テレワークを経験することで、それまでとは違った見識を持つことができるということを示していると思います。

　この内閣府の調査はこれまで全6回実施されていますが、2023年4月の調査によると、公務員のテレワーク実施率は27.1％で、全体平均（30.0％）を下回っています（同調査5頁）。自治体にはもっとテレワークを普及させてほしいと思います。

　今後の地域施策を実のあるものへと練り上げる上でも、公務員がテレワークによる様々な体験を積むことが必要です。自分は職場のほうが集中して働ける、と頭からテレワークを否定するのではなく、どうすれば職場でなくても生産性を高められるのかを考えることが、今後の「新しい仕事の仕方」を考案するヒントへと繋がります。

　すべての職員がテレワークにチャレンジすることは、デジタル化に取り組む重要性を知ること、次の時代の職場環境を考えるきっかけになること、つまりDX推進の底上げを図ることにつながるのです。

（2）　デジタル社会は温かみあふれた社会となる

　総務省のテレワークマネージャーとして、すでに30近い自治体のテレワーク導入にかかわってきましたが、私が勧めているテレワーク

図表1　（就業者）テレワーク経験者の意識変化

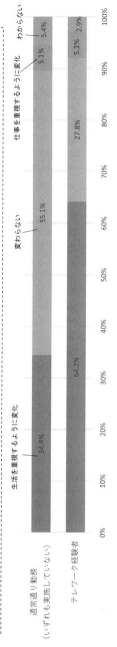

質問　今回の感染症拡大前に比べて、ご自身の「仕事と生活のどちらを重視したいか」という意識に変化はありましたか。

質問　今回の感染症拡大前に比べて、職業選択、副業等の希望は変化しましたか。

（出典：内閣府「新型コロナウイルス感染症の影響下における生活意識・行動の変化に関する調査」令和2年6月21日、16頁より抜粋）

形態はサテライトオフィスでの勤務です。自治体にとってのサテライトオフィスとは支所や公民館などであり、自治体専用のWAN回線が通じている施設であれば、保健所や保育所、学校も対象としても構わないと思っています。

　なぜ私がサテライトオフィスでの勤務を勧めているかというと、サテライトオフィスであれば特別なシステムを導入しなくても、既存のLAN配線を増設する、そこで利用できるパソコンを用意するといった程度の費用で始められることと、物理的な対策（覗き見防止や専用の部屋など）によって住民の個人情報を扱う業務を行うことができるからです。

　テレワーク導入時に必ず問題となるのは情報セキュリティ対策ですが、在宅勤務やリモートワークと違ってサテライトオフィスは元々職員が業務を行っている施設内で情報を扱いますので、対策に神経を使う必要がほぼありません。また、出先職場の職員からすると、本庁舎で働くことがサテライトオフィス勤務となります。たびたび出向く本庁舎で自席と同様の仕事ができるのであれば、用事があった際に本庁舎で残りの仕事を済ませてしまえば職場に戻る必要がなくなります。

　このように、公共施設でのテレワークはすぐにでも始められ、特段の規則を設けなくてもよい点で有効な方法なのです。

　サテライトオフィスでのテレワークは、事業継続の面でも有効です。

　東日本大震災や新型コロナウイルスの第1波の際に、本庁舎への立ち入りができなくなる事態に陥った自治体がありました。勤務可能な職員は出先施設での事業継続を余儀なくされた訳ですが、日頃から利用している情報にアクセスできずに苦労したという話を聞いています。

　一方で私がテレワーク環境構築のお手伝いをした自治体では、大規模災害で数日間幹線道路が寸断されて、本庁舎に通うことができない職員が複数名発生するという事態において、それらの職員は通勤可能な支所に出向き、支所のパソコンで自分の職場と同様の情報にアクセスできたという経験を積みました。体験した職員からは「日頃から支

所に行った際にパソコンでメールチェックなどをしていたので、緊急事態でも慌てずに済みましたし、本庁舎に行けない住民に支所で一部のサービス提供ができたことから、住民にも喜ばれました」という声を聞いています。

　これらの経験をもとに、私はDXが推進された先の行政サービスの在り方として、「サービスを受けに庁舎に行くのではなく、職員が現場近くで個々に応じたサービスを提供する」という姿を提案しています。

　これまでは限られた資源を効率的に活用するために、本庁舎にサービスを集中せざるを得ない状況でした。一昔前のように支所や公民館などに職員を多数配置することは今後も現実的ではありませんが、行政手続のオンライン化やデジタルツールの活用によって、職員が今よりもはるかに効率的に働くことができるようになれば、職員自らが現場に出向き、現場で見聞きしたことを現場近くの公共施設でまとめたり、住民や関係者に住まいの近くの公共施設まで来てもらって、担当職員はそこで対応をしたりといった働き方ができるものと考えます。

　このように、現状では、職員が現場に出向いた時は、残務整理のために職場に戻る必要がありますが、テレワークが進むと近くの公共施設で仕事を終わらせることが可能です。庁舎と現地との往復にかかる時間を考慮すれば、生産性の向上に資するものと考えます。

　首長の中には「デジタル化にはドライなイメージがあるので、住民から歓迎されない」といってDXへの取組みに後ろ向きな方もいらっしゃいます。私は「DXは職員がデジタルを活用して効率的に働くようになることで、住民や関係者と膝を交えて話せる時間を増やす取り組みです」とお伝えし、誤解を解くように努めています。

　DXは職員が効率的に働くことが目的ではありません。効率的に働けるようになったその先の姿を見据える必要があります。デジタル化の推進で時間を生み出し、その時間を使って一人ひとりの住民・関係者にFace to Faceでサービスを提供する、DXが目指すのはそんな温かみのある行政サービスではないでしょうか。

第2節｜住民との「新しいかかわり方」

1　DXが進むことへの住民の期待と不安

POINT	◎ 多くの住民がDXに期待しているが不安を抱いている人もいる。
	◎ デジタル化によって情報セキュリティレベルを向上させる。

（1）　DXに不安を抱いている人にていねいに説明する

　自治体DXにとって、職員の働き方を変えて人的リソースを生み出すのは、取組みの過程であってゴールではありません。生み出された人的リソースを活用して新たな行政サービスを生み出すこと、住民を始めとした自治体に関係する人々の幸福度を高めることが目標であり、ゴールとなるのです（そこからさらに幸福度を高める取組みが始まることからゴールはないのかもしれません）。

　複数の自治体の庁舎建設にかかわる中で、そこで実施された住民アンケートの結果を振り返りますと、若い年代を中心に多くの住民が「オンラインを活用して窓口まで出向かずに済む」ことに期待を寄せています。他の設問においても、自治体がデジタル化に取り組むことを期待している結果が現れており、どの自治体においても、庁舎移転をDXの足がかりにしてもらいたいという、庁舎建設を後押しするようなアンケート結果となっていました。

　一方、どの自治体においても、庁舎建設に反対ではないが、窓口サー

ビスは今のまま維持してもらいたいという意見が一定数ありました。これらのアンケートは庁舎建設の初期の段階で行われたものであり、具体的な窓口レイアウトや窓口サービスのイメージを伝えない状態でのものですから、これは仕方ないと思います。

　今後建設される庁舎について、これまでのようにすべてのフロアのすべての職場にカウンターを設けるとなりますと、記載スペースや待合スペースが多数必要となり、職員の執務環境が丸見えとなってしまうことで、生産性が高まらず、情報セキュリティの面からも好ましくありません。とはいえ、庁舎にまったく受付カウンターを設けないというわけにはいきません。行政手続のオンライン化が進んでも庁舎を訪れる人はいます。庁舎を訪れる人数は減ってくるのですから、その人にはていねいな対応が可能となるはずです。

　行政手続のオンライン化が進み、審査・入力業務がRPAで済むようになれば、窓口に訪れる人に対して十分な応対時間が取れるようになり、窓口で職員のサポートを受けながらオンライン申請をしてもらえる、そうなれば記載スペースも不要となり、来訪者も紙に書く手間が省かれます。このような説明をした上でアンケートに回答してもらったとしたら、結果はどのようになったでしょう。

　繰り返しになりますが、自治体DXは決してドライなものではありません。先ずは職員がデジタル化の恩恵を受け、人的リソースに余力が生み出され、それを人と接する時間に使う、このようなアウトリーチ型の行政サービスへとつなげることは、デジタルデバイドを置き去りにするようなイメージとまったく逆のものです。

　なんとなくデジタル化への不安を感じている住民には、こうした点をていねいに説明しましょう。

（2）　デジタル化による情報漏えいを心配する声に応じる

　上記のように漠然とデジタル化への不安を感じている人と違い、情報漏えいへの不安からデジタル化に反対を表明する住民もいます。

ニュースをはじめネット上では数多くの事件・事故が話題となっていますので、無理もないことだと思います。

　紙の情報が漏えいしたとしても、コピーや掲示などをしなければ拡散することはありませんので、漏えいした情報を取り戻すことも可能でしたが、昨今のネット社会においては、漏えいした情報は瞬く間に世界中へと広がってしまいます。情報を完璧に取り戻すことは極めてむずかしいこととなってしまいました。

　今後デジタル技術が進歩して、サイバーセキュリティ対策に進展があったとしても、一度漏えいしたデータを取り戻すことは不可能に近いと考えます。そうであれば、デジタル技術を使って情報が漏えいしない仕組みを考え出すことがポイントになるのだと思います。

　私は日頃から「紙の情報漏えい対策よりもデジタルデータの情報漏えい対策のほうが効果的だ」と言っています。紙の情報漏えい対策では鍵をかける、金庫に入れるといった物理的な対策か、持ち出し簿で管理するといった人的な対策となりますが、いずれも人がルールを守らなければ効果はありません。特に使用時は無防備ですので、目を離した隙に持ち出されてしまうと、誰が持ち出したのかを追うことは厳しいでしょう。

　その点デジタルデータでは、物理的対策、人的対策に加えて技術的対策で防ぐことが可能です。参照・複製・更新・削除といった操作に応じたアクセス権限を付けることができますし、パスワードを付ける、暗号化する、バックアップを取るといった複数の対策を組み合わせてより強固に守ることができるだけでなく、誰がコピーやプリントを行ったのかをログによって調べることも可能です。

　ただし、どれほど多くの対策が取れるとしても、それを怠ってはなんの意味もありません。紙にしてもデジタルにしても、最後は人の意識にかかっているという点は同じだといえるでしょう。

　また、デジタル化によってこれまで以上の個人情報が取得されるという危惧を持つ人がいます。これまでも自治体には数多くの個人情報

がありましたが、保管場所が別々であり、システム間の連携もなされていませんでした。ところが今後は、データ連携基盤ができて、情報システムごとに保持しているデータが連携できるとともに、住民などが自治体の提供するアプリなどを使用すれば、これまで渡すことのなかった個人情報を入力・提供することにもなります。このような状況下で自分の知らないところで情報が使われているのではないか、興味本位で閲覧されているのではないか、と心配になるのでしょう。

　しかし、個人情報保護法では、「当該本人が識別される保有個人データの電磁的記録の提供による方法その他の個人情報保護委員会規則で定める方法による開示を請求することができる」（第33条）とあります。また、個人情報の取得時に明示された利用目的に沿わない利用が認められた場合には、「当該保有個人データの利用の停止又は消去を請求することができる」（第35条）ともあります。

　自身の情報がどの程度保持されていて、誰がいつ利用したのかを知る権利があるのですから、心配な方には開示請求をするように助言するなど、自治体も自信を持ってデータが正しく取り扱われていることを説明しましょう。情報に対する安全・安心を説明できるようになることも、DX推進では大切な要件となります。

2　住民や関係者のニーズを積極的に取り入れる

POINT	◎ デジタル化を進めることは個々人のニーズに応じたサービスを提供することに連動する。
	◎ サービス提供の際に利用者の声を集める仕組みを作る。

(1)　デジタル化によって現行のサービスを向上させる

　自治体がデジタル化に取り組むことへの不安や反対を拭い去るよい方法は、デジタル技術を活用して便利で安定したサービスを提供することではないかと考えます。行政手続のオンライン化は、24時間いつでもどこからでも申請が受け付けてもらえるという点では便利なサービスですが、年に何度も役所に足を運ぶ人はあまり多くないことから、多くの人が便利になったと実感してもらうには時間がかかると思います。住民などを対象にしたデジタル化において、自動運転車による送迎サービスやドローンを使った配送サービスなど、目新しいサービスが注目されがちですが、相当の初期費用もかかることから、当面は実証サービスとして一部の地域を対象にせざるを得ないでしょう。

　そのような観点で考えると、現在行っているサービスをデジタル化して利用者に変化を実感してもらい、より一層のデジタル化を望む方向にもっていくのがよいのではないでしょうか。

　最近では、スマートフォンの所持率が高い子育て世代を対象としたサービスの普及が進んでいます。これまでは学校や保育所への欠席連絡などは電話によることが多かったですが、朝の忙しい時間に電話が繋がらずにイライラしたり、名前の聞き間違いで施設側から電話がかかってきたりなど、サービスへの不満は高かったのではないかと思い

ます。施設との連絡アプリが導入されると、保護者側の不満が解消されるだけでなく、施設側も出席簿と連携が図れて、連絡帳の確認・記載の負担が減るなど双方にメリットがあることから、全国的な普及がみられます。

　私がCIO補佐官を務めている自治体では、学校からの連絡や配付物がアプリで届けられるようになると、両親だけでなく祖父母もアプリをダウンロードして、下校時刻や翌日の持参物などを確認していると聞きました。子ども達の下校後の安全対策にも効果が発揮されているようです。

　子育て世代を対象としたサービスは、施設との連絡だけに留まりません。困った時の相談先を一覧にしたり、急な病気の際に救急病院と繋いだり、妊娠から育児までの記録を残せたりするなど、保護者の出産・育児を全面的にサポートするアプリもあります。育児記録を残すソフトウェアは十年以上前からありましたが、自治体と連携することで、住んでいる地域に合わせた最新の情報を充実させるという進化を遂げています。今後もますます充実することでしょう。

（2）　アプリを介した情報伝達と利用者満足度を図る仕組み

　子育て世代を対象としたアプリが普及してきたように、自治体の他のサービスにおいても、アプリを介した利用者との接点を持つことで利用者の声を集められるようになり、よりよいサービスへの転換が図れるのではないかと考えています。

　先に施設と利用者との連絡アプリを例にあげたのは、同様の業務（サービス）が各所属にあるのではないかと考えているからです。例えば情報連絡に限っても、自治会や町会をはじめ、民生委員、消防団、医師や薬局、各種スポーツ団体などあげればキリがないと思いますが、これらの関係者と、これまではどのような情報のやり取りをしてきたのでしょう。複数名に対して電話での連絡では時間がかかりますので、これまではインターネットメールかFAXではないかと思います。

　これら関係者への連絡をSNSなどに変えることで、双方向性が生まれます。これまでは自治体からの一方通行であったものが双方向に変わると、1名からの質問も全員に共有されます。共有されては困るものは今まで通りの方法で構いません。同じような質問に対応してきた時間が削減されることで自治体担当者の負担も減りますし、関係者側も理解がより一層深まります。スマートフォンを持っていない方への配慮は必要ですが、これまでメールが届いているのであれば、そのパソコンにSNSを入れてもらえばよいのです。

　双方向性のよい点は、送って終わりではなく、相手側の反応を伺うことができる点です。既読数からどの程度の関係者に届いたかがわかります。さらに承諾する場合は「いいね」ボタンを押してもらうなどのルールを決めておくと、わざわざ返信をしなくて済みますし、自治体側も誰から承諾が来ているのかを調べる手間が大幅に減ります。連絡用のアプリを導入してもよいのですが、最初から大きな予算を確保しなくても、先ずは試してみて、関係者の反応をみながら、どのような仕組みが加わるとより便利になるのかを見極めてから、予算を要求すればよいと思います。まさにアジャイル型のデジタル化です。

　最も大切なことは、自治体担当者の思いだけで導入を進めるのではなく、利用者の声を聞きながら改善を進めることです。SNSではツールに備わっている機能を使って相手の反応を確かめられるように、アプリの導入に当たっても、利用者である相手の反応を確認できる仕組みを組み込むとよいでしょう。

　今後のアプリは作って終わりではありません。利用者にはアプリの良し悪しを評価してもらうとともに、施策そのものへの評価もしてもらえる仕組みを組み込むと、真のDXに繋がると考えます。

3　DX推進に欠かせない広報・広聴のあり方

POINT
- ◎ 広聴を充実させるには広報の拡充が大きな役割を担う。
- ◎ 公式サイトとの連携をすべての職場で考える。

（1）　利用者の声を集めることと広報との関係

　自治体は、これまでも広聴の充実に努めてきました。本庁舎をはじめ多くの公共施設には、広聴はがきとそれを受け付けるポストが設置されていますし、全国すべての自治体ホームページには同様の仕組みが組み込まれています。私が区役所職員であった頃は、寄せられた意見を所管に回して、返信希望の方には漏れなく回答を送っていましたし、返信を希望しない意見にあっても、区長の目に入るよう広聴部門は集約に努めていました。

　ところが新型コロナウイルスが蔓延し、自治体が感染対策に追われはじめた頃から、自治体への意見が爆発的に増えて、寄せられた意見への対応が追い付かない事態となっている自治体が増えているようです。

　この背景には、未知のウイルスに対してどのような対策が有効か正解がなかったこと、独自の対策を打つ自治体のニュースなど自治体の競争を煽るような報道がなされたことなど、新型コロナウイルスが原因となった要因もありますが、テレワークの普及による働き方の変化により、人々が住んでいる地域に関心を持ち始めたことや、経済的な豊かさだけでなく精神的な豊かさにも関心が及び価値観が変わりはじめたことなど、パンデミックが人々の行動変容をもたらした面もあると思います。

　コロナ対策に続き、物価高騰対策などに追われる自治体にとっては、

広聴への対応は大変な負担だと思いますが、私は寄せられた意見の中にこそ、DXが目指す新たな行政サービスのヒントがあると思っています。とはいえ、時に膨大となる広聴はがきへの対応を軽減化しなければ、貴重な意見をみつけることもむずかしくなるでしょうから、先ずは答えの決まっている意見を減らすこと、つまり広報を充実して広聴への対応を軽減することに取り組むとよいと思います。

　先の情報連絡の事例であげたように、自治体には似たような質問・意見が多数寄せられます。そのすべてに返信を送るとなると多大な時間を要します。この単純作業中にミスが起こり、情報漏えいが発生して謝罪会見を開くなどとなれば、目も当てられません。

　どうすれば似たような質問・意見が来なくなるのか、それには情報を相手に正しく確実に伝えることです。SNSの限られた文字数では伝えられる情報量は限られます。広報誌においても紙面の都合で文字数に制限をかけなければなりません。そういった面から最も充実させるべきは自治体サイト・ホームページに他ならないものと考えます。

　自治体ホームページの作成を支援するCMSについては、長い歴史がありながらも、毎年のように機能が改善されています。小規模自治体においても普及は進んでいますが、バージョンアップが頻繁に行えていない自治体も見受けます。機密性の高い情報をCMSで扱うことは原則あり得ないのですから、このようなシステムからクラウドサービスを利用して、常に新しいバージョンが利用できるような契約形態とすべきです。

　なお、利用者目線でみてみると、隣の自治体とまったく違う作りになっていると調べるのに一苦労です。自治体のオリジナリティは必要ですが、調べる側の立場になって、コンテンツの構成についてはすべての自治体で統一してもらえると助かると私は思っていますが、いかがでしょうか。

（2）　情報の発信方法をルール化する

　自治体DXにとって目指すべきは、新たな行政サービスの創出ですが、それには住民など利用者のニーズを計る必要があります。多種多様な広聴の中からヒントを得るためには、広報をしっかりと行って、傾聴・対応すべき質問や意見が集まるようにしなければなりません。DXの個別計画策定の際には「広報の充実」を忘れずに入れてください。

　広報の充実を図るツールとしては、従来の広報誌や回覧版、ホームページやSNS、防災無線などに加えて、最近ではアプリを通じた発信も増えてきたと感じています。SNSやアプリによる情報発信は、プッシュ型の着信機能を利用することが可能であるため、大いに注目されていますが、自分にとって関係の薄い情報が頻繁にプッシュ通知として送られてくると、それが無視され、ひどい場合には登録解除やホーム画面から消されてしまうなど、真に届けなければならない情報が届かなくなってしまうリスクがあります。

　各課から広報担当という職員を選出してもらい、その職員を通じて組織全体のルールを徹底している自治体がありますので、こうした例を参考にして自治体の情報発信ルールを定期的に見直すべきだと考えます。

　また、SNSについてはハッシュタグによってカテゴライズしたり、アプリについてはグループを作成してグループごとに発信情報を分けたりするなど、デジタルツールには様々な機能がありますので、常にどのような機能があるのか、最新の情報を得るよう努めなければなりません。

　所属ごとにSNSやアプリを導入して情報発信するよりも、私は自治体として公式アカウントや公式アプリを決めて、そこに各所属が発信する情報をまとめて、統制を図るべきではないかと思います。様々なサービスを提供するためにアプリを部門ごとに入れることに反対しているのではなく、公式アプリをひとつ立ち上げて、情報発信はそこ

から行うべきだと考えています。

　情報発信の一元化を考える際に大いに活用すべきは、「ＱＲコード」をはじめとした二次元コードです。ホームページ上に作成した情報サイトのURLを二次元コードに変換することで、広報誌やパンフレット、チラシなどの紙媒体との連携が図れるようになりました。防災無線などの音声情報との連携は厳しいですが、SNSやアプリなどにもリンクを貼って情報サイトと連携を図ることが可能なことから、情報発信のおおもとは情報サイトにすべきです。

　対話型AIの登場により今後導入が進むであろう「AIチャットボット」においても、利用者の聞きたいことが絞り込めたなら、回答を文書で行うよりも情報サイトに誘導することで、確実に最新の情報で回答できることとなります。

　なお、自治体が主催する行事や直接提供するサービスであれば、公式サイトにおおもとの情報を入れるべきですが、民間団体や他の公的機関が実施主体の情報については、そちらに誘導すべきであり、各媒体はそことの連携を図るべきです。たまに広報誌の二次元コードを読み取ると自治体の公式サイトが現れ、そこに主催団体へのリンクが貼られているといった事例に出会いますが、主催団体の情報がSNSなどの場合を除き、直接情報サイトにたどり着くよう、こちらも利用者視点で検討を進めていただきたいと思います。

　新型コロナウイルスのパンデミックを機に、人々の価値観に変化が起き、住んでいる地域やかかわりのある地域などへの関心が高まってきました。自治体に寄せられる意見が増えたことをチャンスと捉える必要があります。

　より効果的な広聴活動を行うためには、しっかりとした広報活動が必要です。必要とする人に確実に情報が届くよう、最新のデジタルツールを有効に活用し、新たな行政サービスのヒントを得られる活動へと繋げていきましょう。

第3節 多くの関係者を巻き込んでの自治体DX推進

1 「共助」が自治体DX推進のポイント

POINT	◎ 地域の人材を活用するシェアリング・エコノミーを実践する。 ◎ 時間と空間を越えた共同作業で「クラウドソーシング」を実現する。

(1) 地域のより多くの関係者を巻き込む

　新型コロナウイルスのパンデミックが人々の価値観を変えたことで、自治体への意見が増えている状況とは、単に自分の意見を受け入れさせることに主眼があるのではなく、自らも行政に参加したいという意思の表れでもあると思います。アイデアを出すだけでなく、それが実現できるのか、実現によってどんな効果が現れるのか、そのような思いを持った人が顕在化してきているとみています。

　岸田政権の下で打ち出された「デジタル田園都市国家構想基本方針」においても「共助」という言葉が随所で使われているように、これまでは「自助」で不可能なサービスはすべて「公助」によって賄わなければならなかったものが、様々な主体を巻き込んで必ずしも営利を目的にしないサービスを構築することで、不確実な時代の多様なニーズに応えるための仕組みを設けようとしています。

　これまでも、産官学連携といった複数の主体で事業を進める取組みはありましたが、都市部の企業や大学が主体の中枢を占めるケースが

多かったようです。今後は自治体が調整役を担いつつ、地元の企業や学校、住民の代表や関係団体からも人を集めて、利用者の声が常時反映できる仕組みを作ることで、必ずしも多くの人をターゲットとした画一的なサービスではなく、様々な主体のニーズに合った新たなサービス提供が可能になるのではないかと考えます。

その際にポイントとなることとして、多くの地域では人口減少に伴って地域経済の縮小や担い手不足が生じている状況の中、限られたリソースを最大限有効活用するために、「シェアリング・エコノミー」によって、個別の様々な力を集めて都市部の自治体に負けない取組みへと育てることがあげられます。

小さな自治体だから大企業や著名な有識者はいないと諦めてしまうのではなく、観光については観光協会や旅館、飲食店など、福祉については社会福祉協議会や病院、民生委員など、それぞれ利用者の身近にいる関係者を集めて知恵を出し合うことで、現状よりも一歩高いサービスの提供に繋がっていくことと思います。

最近では、企業体験として、中学生や高校生が地元の事業所などで働くカリキュラムを組んでいる教育委員会が増えました。小規模自治体では働く場のマッチングに困っていると聞きますが、私は自治体や関係団体など、サービス提供の第一線で働く体験をしてもらうとよいと考えています。そして、マニュアルに沿って働いてもらった後に、どうすればもっとよいサービスに繋がるのかを提案してもらう、そういったカリキュラムを組んでもらうのです。

マニュアルに沿った働き方は安定したサービスに繋がりますが、それが当たり前になって改善などに繋がりにくい、というマイナス面もあると思います。柔軟な頭を持った学生にサービス提供の体験を通じて改善点を提案してもらうことで、よりよいサービスへの手がかりになるのではないでしょうか。

「シェアリング・エコノミー」とは、そういった地域に眠っている力を引き出すことです。学生に限らず、地域にはサービスの提供を受け

ながらも改善提案を持っている人が少なからずいるはずです。サービスを受ける側では文句はいえない、と思っている人から、文句ではなく提案をもらえる仕組みを考えるべきではないでしょうか。

（2）　デジタル活用にも多くの関係者を巻き込む

　ある自治体では、「地域情報化推進協議会」を立ち上げて、半年以上の検討の末「地域情報化計画」を策定・公表しました。協議会の事務局は当該自治体の企画課が務めていますが、会長は議会議長、メンバーは自治協議会や商工会、観光協会や、農協、病院、警察、消防、社会福祉協議会、教育委員といった当該自治体の活動に携わっている人々です。情報化の検討組織ではありますが、IT関係のメンバーは地元で活動している団体とケーブルテレビから選出された委員だけで、どちらかといえばIT技術には詳しくない方が多数を占めています。

　私はオブザーバーとして外から見守る立場でかかわってきていますが、皆さんとても前向きに情報化社会の到来を受け入れており、一方で個人情報保護やサイバーセキュリティへの心配もされているので、参加の度に感心させられます。

　なによりも、ご自身の立場から「こうあればいい」と話されるので、非常に説得力があります。自治体職場のデジタル化を強く望んでいて、広報の充実についても要望が上がりました。自治体としても地域から要望が上がることで、よりスピード感を持って取り組めるのではないかと思いました。

　このように、シェアリング・エコノミーを活用したデジタル化への取組みは、行政の情報化のみならず地域の情報化へと広がります。この自治体ではドローンを使った新たなサービスを検討していますが、初期の段階から様々な関係者の意見が聞けることで、実証から本格運用への移行も容易に行えるものと気付きました。この自治体にとって私は正に「外部人材」なのでしょうが、自分たちで考え、自分たちで取り組み、必要な時に外部の知恵を借りる、これこそが外部人材の正

しい活用方法なのではないかと、今更ながらに実感しています。

　シェアリング・エコノミーを考える際にもうひとつ大事なことは、上記の事例のような団体の代表者ではない、地域に存在している専門性を持ったデジタル人材に一部でも協力を仰ぐことにあります。地域にはインフルエンサーといわれる情報発信に長けた人やアプリの開発などが得意な人、さらにはドローンの操作やCG制作など注目される技術を持っている人もいるかもしれません。その人たちに協力を仰ぎ、特別な技術をデジタル施策に繋げること、こうしたことが国のいうシェアリング・エコノミーであり、民間企業を介さずとも地域の人材の優れた能力を活用することで「共助」の仕組みが成り立ちます。

　デジタル化のメリットは、時間や場所を越えて複数の人々がコラボレーションできることです。障がいのある人も自宅から参加できますし、子育てで時間に制約がある人にも手伝ってもらえます。

　自治体は、デジタル化のメリットを活かし、こうした人材と契約を結び、報酬を支払うことで、一定レベルの成果を得ることができ、人材不足を補うことができます。また、地域の人材を活用することで、作業に携わった人が報酬を得て税金を納めることで、自治体の税収が増加するといった税収面での効果も期待できます。

　地域人材の活用を図るために、自治体も不特定多数の人をターゲットに業務の一部を任せる「クラウドソーシング」という雇用形態に積極的に取り組むべきです。その際には第3章第3節で述べた契約事務の見直しも必要になると思うのです。

2　公平・公正な社会の実現に向けて

<table>
<tr>
<td>POINT</td>
<td>
◎ 自治体のサービス向上にマイナンバーカードを活用する。
◎ データ連携によりマイナンバーを使わない情報連携の仕組みも考案する。
</td>
</tr>
</table>

（1）　マイナンバーの制度について今一度考える

　自治体DX推進計画の重点取組事項になっているマイナンバーカードの普及促進ですが、2022年6月に当時の総務大臣の「各自治体の交付率の状況などを来年度の地方交付税の算定に反映することを検討する」との発言から、「飴と鞭」を使っての普及促進策が取られるようになりました。「デジタル田園都市国家構想交付金（デジタル実装タイプ）」においては、マイナンバーカードの申請率を勘案して申請可否の判断基準としたり、加点要素としたりするなど、今後もあの手この手を用いてマイナンバーカードの普及を促していくことでしょう。

　私はこれまで頑張ってきた自治体に「飴」を与えることには賛同しますが、同様にマイナンバーカードを所持している人にも恩恵を与える施策をもっと考えるべきだと思っています。車に搭載する「ETCカード」も当初は普及が伸び悩んでいましたが、料金所に専用レーンを設けてから一気に普及が進みはじめました。現在では時間帯による割引やスマートインターチェンジなど次々と優遇策が出されていることから、ETC車載器を取り付けるのにはそれなりの費用が発生するにもかかわらず、大半の車に装着されています。持っていない人からの不満の声も聞いたことがありません。

　2022年に改定された推進計画には、「オンライン市役所サービス」や「市民カード化」を進め、利活用の拡大も図らなければならないと

いった内容が書き加えられました。マイナンバーカードの利活用策については、国だけでなく自治体も知恵を絞って欲しいということでしょう。私は豊島区役所で、マイナンバーカードに図書館カードの機能を持たせることを実現しました。図書館カードは現在も発行していますが、一人の利用者としては、日頃持ち歩いているマイナンバーカードの提示によって図書館で本を借りることができるのはとても便利です。いちいち図書館カードを探す手間が省けるからです。

　自治体には数多くのカードや交付物を発行するサービスがあります。それらを止める必要はありません。マイナンバーカードの提示によって、同様のサービス提供や利用者確認が取れるとすれば、利用者にとっては複数のものを持ち歩かずに済みますし、自治体側も厳格な本人確認に繋がります。再発行する頻度も減らせますし、サービスのオンライン化への一助ともなります。鞭に叩かれて申請数を増やす努力をするよりも、自治体DXを図りつつ申請数を増やす方法に目を向けてみるべきです。

　なお、国においては、マイナンバーカードの普及からマイナンバー制度の充実へと方向転換を図るべきかと思います。マイナンバー制度の理念は「公平・公正な社会の実現」「行政の効率化」「国民の利便性の向上」の３つです。このうち「行政の効率化」と「国民の利便性の向上」については、自治体のDXが進むことで目標に近づくのでしょうが、「公平・公正な社会の実現」については、国がその仕組みを構築しないと、自治体だけでできることには限界があります。

　新型コロナウイルスの影響が長期化したことにより、2021年と2022年の２回にわたって「臨時特別給付金」が、急激な物価高騰への対策として「緊急支援交付金」が支給されましたが、いずれも住民税の非課税世帯が対象となりました。2022年の給付においては「プッシュ型（申請不要）」が取られましたので、情報連携による公平な支給が実現できたことは評価できると思います。

　一方、住民税の非課税世帯にも様々な状況がありますので、真に困っ

ている人をみつけるためには、国税庁や日本年金機構など自治体以外とのデータ連携が必要です。また、現行のマイナンバー制度では対象者を特定した上での情報交換となりますので、大勢の中から抽出するという仕組みはありません。

　なお、「行政手続における特定の個人を識別するための番号の利用等に関する法律」、いわゆるマイナンバー法が改正され、行政事務の範囲が拡大されます。今後は「公平・公正な社会の実現」というマイナンバー制度の理念を実現するために、デジタル庁を中心として対象者を抽出できる仕組みを考えていただきたいと思います。

（2）　データ連携によって真に困っている人に手を差し伸べる

　真に困っている人への給付を実現するために、自治体は国が仕組みを構築するのを待たなければならないのでしょうか。私は自治体が現行でもできることはあると思います。現行の法制度でも税と社会保障に関する事務であれば、条例で定めることによりマイナンバーを付与することは可能です。

　目的外利用にならないように事前の準備は必要となりますが、マイナンバーをキーにして情報を連携させることで、税務単体ではわからない福祉の受給情報などがわかるようになります。不確実な世の中ですので、次のパンデミックに備えて今から関係者を集めて、どのような情報をかけ合わせれば、真に困っている人をみつけ出せるのかを検討してもよいのではないでしょうか。

　実際、2023年4月に発足したこども家庭庁においては、その準備期間に情報連携の在り方を検討していました。こども家庭庁の発足は、2021年12月に閣議決定がなされた「こども政策の新たな推進体制に関する基本方針」によるものですが、2022年6月に閣議決定された「デジタル社会の実現に向けた重点計画」において、「各地方公共団体において、貧困、虐待、不登校、いじめといった困難の類型にとらわれず、教育・保育・福祉・医療等のデータを分野を越えて連携

させ、真に支援が必要なこどもや家庭に対するニーズに応じたプッシュ型の支援に活用する際の課題等を検証する実証事業を実施する。その上で、当該実証事業を踏まえ、データ連携やそれを実現するシステムの在り方について、これまでの関係府省庁での検討も踏まえ、関係府省庁が一体となって検討する」との文章が盛り込まれています。

　昨今こどもに関する不幸な事案が表に出るたびに、関係する機関の連携が問題となっています。それぞれの機関が持っている情報をいかに安全に効果的に連携できるのかを議論する場として、関係府省による副大臣プロジェクトチームの下で「こどもに関する各種データの連携による支援実証事業」が実施されました。

　私も文部科学省側の検討会で座長を務めましたが、学校現場にあるデータと自治体にある福祉系や保育系のデータ、さらには医療機関などが保有している医療系のデータとを連携させるには、名寄せが必要となります。現時点ではマイナンバーは使えませんので、別の識別子を持たせる必要があります。

　その他にも、どの情報を連携させると有効か、どのような連携方法を取るべきか、さらには個人情報保護や情報セキュリティなど様々な検討事項がありましたが、「誰一人として取り残されることなくきめ細かな支援が行き届くようなプッシュ型（アウトリーチ型）支援」を実現すべく「実証事業ガイドライン～地方公共団体内で、こどもデータ連携に取り組む際に気を付けるべき留意事項のまとめ～」（現「実証事業ガイドライン（こどもに関する各種データの連携にかかる留意点等）」）が出されていますので、こちらを参考に自治体での実証に取り組んでください。

　このガイドラインはこどもに関する情報の連携について書かれたものですが、内容は首長部局と行政委員会などとの情報連携を図る際にも参考となるものです。

　デジタル化を進める先に目指すものは、情報を連携させて真に困っている人に手を差し伸べることだと考えます。

3　データを活用して持続可能な社会を実現する

POINT	◎ ローコード・ノーコードツールを使って情報を公開する仕組みを作る。
	◎ 先ずはデータを使って自治体が抱える課題を分析してみる。

（1）　データを公開することで業務を省力化する

　20世紀に産業の原動力となった石油に代わって、21世紀に産業の原動力となるのはデータだといわれています。21世紀に入ってから20年余が経った現在、「GAFA」と呼ばれるインターネット上のプラットフォーム企業が産業界を席巻していることや、企業の採用活動でデータ分析の知識がもてはやされていることからも、データの重要性はしばらく続くのでしょう。ちなみに私は「持っているだけでは役に立たないこと」と「使い方を誤ると大惨事を引き起こすこと」から、データと石油とは共通点があると思っています。

　デジタル化のメリットを最大限活かすには、保有しているアナログ情報をデジタルデータという形式に変えることだと思っています。こちらも原油を精製する作業に似ていますが、アナログ情報をデジタルデータに変えることで、様々な活用が可能となります。デジタルデータはいち早い統計処理が可能となるほか、RPAやAIを用いて加工・分析・他システムへの入力なども行えるようになります。職員にとっても、アナログ情報よりもデジタルデータの方が、アクセス権限を設定するなどで安全・迅速に利用できるでしょう。

　その他のメリットとして「データの二次利用」があげられます。二次利用可能なルールの下で、機械判読に適した形でデータを公開することを「オープンデータ」といいます。国は2021年6月に改定を行っ

た「オープンデータ基本指針」において、公共データの活用を促進する意義を、「(1)　国民参加・官民協働の推進を通じた諸課題の解決、経済活性化」「(2)　行政の高度化・効率化」「(3)　透明性・信頼の向上」の３つとした上で、同日に公表した「地方公共団体オープンデータ推進ガイドライン」において、「地方公共団体においてオープンデータに取り組むに当たっては、（中略）公共データの公開と利活用により地域の課題を解決するという視点も重要である」とし、自治体がオープンデータに取り組むことを積極的に勧めています。

　しかし、DXへの取組みを進めている自治体においても、二次利用が可能な公共データの案内・横断的検索を目的としたオープンデータに掲載されているデータは数えるほどで、地域の課題解決に直結できるデータがあるのか不安な状況です。

　私が自治体のお手伝いでかかわるのは基礎自治体が多いこともあり、個人情報やプライバシーへの配慮が必要な情報などそのまま出せない情報が多数を占めていることから、扱えるのは統計情報や施設の情報など無難なデータになってしまいます。掲載に当たって、細かな加工や別の職員のチェックなどが必要となると、担当職員が後ろ向きになるのは仕方ありません。

　そこで、私は別の形での情報の公開を勧めています。例えば貸出可能な公共施設の予約については、これまで電話で受け付けていた予約サービスについて、利用者に直接入力してもらうシステムを構築することで、問い合わせの度に空き状況を調べて受け付けたり断ったりする業務が省力化されます。すべての利用者がシステムを使えなくても、電話が減ることで職員は応対業務から大幅に解放されるのです。先に利用者IDの設定が済んでいれば、個人情報を入力することは不要です。

　すでに公共施設予約システムが導入されている自治体には響かない話かもしれませんが、似たような事例は多数あげられます。いつが空いているか、担当者はいるかなど、何度も同じような問い合わせが入

図表 2　オープンデータ基本指針の概要

1. オープンデータの意義
（1）国民参加・官民協働の推進を通じた諸課題の解決、経済活性化
（2）行政の高度化・効率化
（3）透明性・信頼の向上

2. オープンデータの定義
営利目的、非営利目的を問わず
（1）二次利用可能なルールが適用されたもの
（2）機械判読に適したもの
（3）無償で利用できるもの

3. オープンデータに関する基本的ルール
（1）公開するデータの範囲…各府省が保有するデータは、原則オープンデータとして公開。公開することが適当でない公共データは、公開できない理由を原則開示するとともに、限定的な関係者間での共有を図るなど、適切な措置を適用する。
（2）公開データの二次利用に関するルール…原則、政府標準利用規約を適用する。
（3）公開環境…「各府省庁において提供できないデータ」、「様々な分野での基礎資料」、またはリアルタイム性を有するデータ」について社会的ニーズが高いと想定されるため、積極的な公開を図る。
（4）公開の有用なデータの形式等…二つ星（注2）（CSVやXML等のフォーマット）以上の機械判読に適した構造及びデータ形式で掲載することを原則とし、構造化が困難な（データを含む全ての公開データは可視化やAPI利用が容易になるよう、データカタログサイトの利用等、メタデータの整備に努める。
（5）公開済みデータの更新…可能な限り迅速に公開するとともに適切な更新を行う。

4. オープンデータの公開・活用を促す仕組み
（1）オープンデータ・バイ・デザインの推進…行政手続き及び情報システムの企画・設計段階から必要な措置を講じる。
（2）利用者ニーズの反映…各府省庁の保有データとその公開状況を整理しリストを公開、利用者ニーズを把握の上、ニーズに即した形式で公開する。

5. 推進体制
（1）相談窓口の設置…総合的な相談窓口（内閣官房IT総合戦略室）、相談窓口（各府省庁）を設置する。
（2）推進体制…内閣官房IT総合戦略室が政府全体のオープンデータに関する企画立案・総合調整、各施策の調整、フォローアップ等を実施する。

6. 地方公共団体、独法、事業者における取組
（1）地方公共団体…本指針の趣旨及び本基本指針を踏まえて推進する。
（2）独立行政法人…国費によって運営されていることに鑑み、本基本指針に沿って運用されることが望ましい事業や問題があることに鑑み、基本指針に沿って取組を推進することが望ましい。
（3）公益事業分野の事業者…その公益性に鑑み、本基本指針及び利用者ニーズを踏まえて推進することが望ましい。

（注1）公共データについて、オープンデータを前提として情報システムや業務プロセス全体の企画・整備及び運用を行うこと。
（注2）特定のソフトウェアに限定されずに利用できる共通フォーマット（CSV、XML）。

（出典：高度情報通信ネットワーク社会推進戦略本部・官民データ活用推進戦略会議決定「オープンデータ基本指針の概要」令和3年6月15日、抜粋）

るサービスにおいては、同様のシステムを構築してみてはいかがでしょうか。必ずしも公共施設予約システムのような大がかりなシステムを入れる必要はありません。今はやりのローコード・ノーコードツール（プログラムコードをほとんど、または全く書かない開発手法）などを使えば、数日でデータ入力アプリはでき上がります。先に述べた「クラウドソーシング」を活用すれば、職員がツールを使えなくても心配は不要です。

(2)　データに基づいた行政経営こそが自治体DXの目的

　このように、デジタル化を進めることが利用者への情報提供に繋がるとともに、利用者自身に検索や入力の業務を委ねることで、自治体側の省力化に繋がることがご理解いただけると思います。公開型のGISに多数の情報を掲載することで、問い合わせや図面の取得依頼が減りますし、市民が公共物の損傷を写真で知らせるツールは、ボランティアなどの作業報告などのツールとして進化を遂げています。

　自治体がDXへの取組みを本格化させて、デジタル化による省力化や効率化が図られて、行政手続のオンライン化とそれに伴うRPA・AIなどによる審査業務や入力業務の自動化・高度化が図られるようになると、職員が単純作業から解放されて人的リソースが生み出されます。これによりデジタル対応が不得意な住民にていねいなフォローも可能となります。

　こうした先にあるものは、データを分析し自治体の特徴を捉えた上で施策を考え出す「データドリブン経営」です。

　先に述べたように、データは持っているだけでは役に立たず、利用しなければ価値は生み出せないのです。かといってデータサイエンティストを任用して「なにか見つけ出して」といっても、期待した成果は得られません。先ずは経営課題の解決策を見出すために、課題に関係するデータの分析を行うことをお勧めします。

　例えば、全国で多くの自治体が人口減少問題に直面していることと

　思いますが、その対策としてデータの分析から始めるべきです。減少の原因が自然減にあるのか社会減にあるのか、その傾向は周辺の自治体と比較してどうなのか、社会減についてはどの世代やどういった世帯がどこに転出しているのか、数少ないとはいえ転入者はどこからどのような属性の人が転入してくるのかなど、住民基本台帳からだけでも集められるデータは数多くありますし、傾向がつかめたらさらに関連するデータが欲しくなると思います。

　少々前の話になりますが、日本創成会議が2014年5月に発表した「消滅可能性都市」の中で、東京都23区で唯一豊島区だけがそこに名を連ねていました。消滅可能性都市とは、2010年から2040年までの間に、20歳から39歳までの女性の人口が5割以下に減少すると推計される市区町村を指します。

　豊島区では早速対策本部を立ち上げました。当時私は情報管理課長でしたので、本部のメンバーではありませんでしたが、先にあげたような人口動態の資料を作成し、当時の副区長に提出しました。私の役割はそこまででしたが、対策本部は「出産を機に転出してしまう」という豊島区の特徴を見つけ出し、そこへの対策を重点的に行いました（ファミリー世帯向けの住宅確保や公園用地の確保など）。そして、2022年に民間が行った「自治体の子育て支援制度に関する調査」結果において「共働き子育てしやすい街ランキング2022」の総合第1位となりました（日経xwoman「共働き子育てしやすい街2022　総合編ベスト50」2022年12月23日）。若い世代の女性の人口は直近のデータでは2014年よりも増えています。

　もしもあの当時に「出生数増加」や「若年層の転入増加」の対策を打っていたらどうだったのでしょうか。どこの自治体においても全方位の対策を打てるような余裕はありません。限られた資源を有効に使うためには、課題の背景（要因）を知ることがポイントです。

　データに基づく行政経営は決してむずかしいものではありませんが、すぐに始められるものでもありません。なぜならばデータ分析に

は過去との比較も重要で、現時点のデータだけでは大きな成果を生み出せないからです。私はこの2014年の経験をもとに、住民記録は月に1回、税務データは年に1回、データレイクと呼ばれるデータ保管場所に移すシステムを構築しました。これまでに10年近いデータが蓄積されていることになります。

　このように、データを蓄積して活用すれば、自治体が抱えている課題をつかめるとともに、その対応策も見い出せると思います。

　自治体DXが目指すものは、デジタルツールの導入ではなく、自治体で働く職員の意識を改革して新たな行政サービスを生み出し、すべての国民が誰ひとり取り残されることなくスマートな社会の恩恵を享受できることです。

　自治体は、先ずは自分たちの業務のスリム化に取り組んで、人が行わずに済む業務をデジタルツールに任せましょう。生み出された人的資源をアウトリーチという形で住民や関係者と膝を交えて話す時間に費やしてほしいと思います。その際にデジタル化によって蓄積されたデータを使うことで、より充実した議論ができることでしょう。

　データを活用して考案された施策を、広報の充実によって多くの関係者に届け、様々な人たちと膝を交えて議論する。このような行政サービスこそが自治体DXの目指す姿だと考えます。

　本書が自治体DX推進への取り組みの一助となり、多くの自治体が新たな行政サービスの創出に着手していくことを期待しています。

おわりに

　早いもので、豊島区役所を退職し、フリーのコンサルタントとして活動を始めてから5年が経過しました。区役所勤めの29年間も今振り返るとあっという間でしたが、その後の5年間はそれ以上に時間の経過が早く感じられます。コロナ禍においてその対応がめまぐるしく変わったことで、このように感じる人は多いかもしれません。私にとっては、このコロナ禍でデジタル化のメリットが多くの人に認知され、DXという言葉が広く国民に知れ渡ったことが、そう感じる大きな要因です。

　自治体がデジタルを活用した新たな行政サービスを見出すためには、総務省が進める地域情報化だけでなく、経済産業省のキャッシュレス化や厚生労働省のテレワーク、文部科学省のGIGAスクール構想など、複数の省庁が進める施策に目を配る必要があり、そのことによって現在デジタル庁が取り組んでいるデータ連携・データ活用へと発展していくことを、身を持って体験してきました。

　前著、『DXで変える・変わる自治体の「新しい仕事の仕方」推進のポイントを的確につかみ効果を上げる！』を出版したことで、省庁の担当者から声をかけていただけると同時に、多数の自治体から話を聞きたいというリクエストをいただいています。総務省の地域情報化アドバイザーとして100を超える自治体を支援したことから、2022年の情報通信月間記念式典において総務大臣表彰を受けることとなりましたが、経済産業省のキャッシュレス化、厚生労働省のテレワーク、文部科学省のICT活用教育、さらにはJ－LISなどのアドバイザーとしての支援を合わせると、その倍近い自治体の支援を行っていることになります。

　他にもCIO補佐官やCDO補佐官など、特別職の非常勤職員として直接契約を交わすケースや、個人情報保護審議会の専門委員や庁舎建設の基本計画策定委員会委員など、自治体が設置する会議体の有識

者として登用されるケース、さらには行政改革アドバイザーなどとして自治体の企画部門の支援を行うケースなどがあります。こうした経験はデジタルに限らず様々な分野で活かせることを実感するとともに、今後は「エバンジェリスト（伝道師）」として次の世代に引き継ぎたいと思っています。

　人生100年時代といわれる長寿社会では、ライフステージも多様化します。本書で述べたように、自治体がDXを進めるには様々な人材を活用しなければならないのですが、裏を返せば、自治体で経験を積んだ人間が、その経験を活かして地域社会の発展に寄与してもよいはずです。「誰一人取り残されない、人に優しいデジタル社会」が自分の居住地や出身地で実現し、そこで豊かで幸福な生活を送ることができる。そのためには、現在自治体で働いている職員が、先ずは勤務先のデジタル化に取り組み、成果を出さなければなりません。

　デジタル化を進めるには、様々な障壁や課題を乗り越える必要があります。本書がその一助となることを願うとともに、障壁や課題を乗り越えた経験を、次のライフステージに活かしてもらいたいと思っています。本書で自戒も込めてお伝えしたように、DXはすべての職員が自分事として参加し、「変えよう」と思ってもらえることで実現に近づきます。つまり、一人で進めることはできないのです。一人でも多くの仲間を作り、その輪を広げていくこと、すなわち「ソーシャルスキル」が求められるのです。

　本書を読まれて「自分は孤軍奮闘だ」と思われた職員の方は、先ずは私にご相談ください。複数のアドバイザーを務めていますので、アプローチの方法はみつかると思います。私が最初の理解者になります。そこから仲間を増やしていきましょう。デジタル化そのものを否定する人は、もういないのですから。

髙橋　邦夫

参考文献・資料

■デジタル庁ホームページ「デジタル臨時行政調査会」
　https://www.digital.go.jp/councils/administrative-research/

■内閣府ホームページ「Society 5.0」
　https://www8.cao.go.jp/cstp/society5_0/

■総務省『令和元年版情報通信白書』2019年

■デジタル庁ホームページ「デジタル社会の実現に向けた重点計画」
　https://www.digital.go.jp/policies/priority-policy-program/

■総務省『自治体デジタル・トランスフォーメーション（DX）推進計画』
　2020年、『同【第2.0版】』2022年

■総務省「地方公務員における働き方改革に係る状況〜令和3年度地方公共
　団体の勤務条件等に関する調査結果の概要〜」2022年

■文部科学省「令和4年度　全国学力・学習状況調査結果」

■経済産業省ヘルスケア産業課『健康経営の推進について』2022年

■公益社団法人日本WHO協会のWebサイト
　https://japan-who.or.jp/about/who-what/charter/

■総務省『自治体DX全体手順書【2.0版】2022年、『同【第2.1版】概要』
　2023年

■「デジタル・ガバメント実行計画」2020年閣議決定

■総務省『自治体DX推進手順書』2021年、『同【2.1版】』・『同　概要版』
　2023年

■「地方公共団体情報システム標準化基本方針」2022年

■「デジタル社会の実現に向けた重点計画」2022年閣議決定

■「デジタル社会の実現に向けた改革の基本方針」2020年

■総務省「自治体DX・情報化推進概要について」2023年

■総務省「市町村がＣＩＯ補佐官等として外部人材の任用等を行うに当たっ
　ての財政措置について」『自治体への情報提供』2021年

■総務省「自治体ＤＸ外部人材スキル標準について」、同「自治体DX推進
　のための外部人材スキル標準解説書」2022年

■「デジタル田園都市国家構想基本方針」2022年閣議決定

■デジタル臨時行政調査会「デジタル原則に照らした規制の一括見直しプラ
　ン」2022年

■総務省「地方公共団体におけるテレワーク推進のための手引き」2021年

■総務省「自治体DX推進計画等の概要」

■内閣官房情報通信技術（IT）総合戦略室「地方公共団体オープンデータ推進ガイドライン」2021年

■各府省情報化統括責任者（ＣＩＯ）連絡会議決定「政府情報システムにおけるクラウドサービスの利用に係る基本方針」2021年

■総務省「地方公共団体における情報セキュリティポリシーに関するガイドライン」2023年

■総務省「「地方公共団体における情報セキュリティポリシーに関するガイドライン」等の改定について」2023年

■東京電子自治体共同運営サービスホームページ
https://www.e-tokyo.lg.jp/top/contents/about_site.html

■内閣府、内閣官房、デジタル庁『デジタル田園都市国家構想交付金デジタル実装タイプ TYPE1/2/3等制度概要』2022年

■内閣府「新型コロナウイルス感染症の影響下における生活意識・行動の変化に関する調査」2020年、2022年、2023年

■「デジタル田園都市国家構想交付金（デジタル実装タイプ）」内閣官房・内閣府総合サイト「地方創生」
https://www.chisou.go.jp/sousei/about/mirai/policy/policy1.html

■「こども政策の新たな推進体制に関する基本方針について」2021年閣議決定

■こどもに関する各種データの連携に係るガイドライン策定検討委員会『実証事業ガイドライン（こどもに関する各種データの連携にかかる留意点等』2022年

■高度情報通信ネットワーク社会推進戦略本部・官民データ活用推進戦略会議決定「オープンデータ基本指針の概要」2021年

■デジタル庁ホームページ「オープンデータ」
https://www.digital.go.jp/resources/open_data/

■日本創成会議・人口減少問題検討分科会「成長を続ける21世紀のためにストップ少子化・地方元気戦略」、同「「消滅可能性都市」の発表について」2014年

■日経xwoman「共働き子育てしやすい街2022　総合編ベスト50」2022年12月23日
https://woman.nikkei.com/atcl/column/22/112200009/122300002/

著者紹介

髙橋　邦夫（たかはしくにお）

合同会社ＫＵコンサルティング代表社員（電子自治体エバンジェリスト）

　1989年豊島区役所入庁。2014年・2015年は豊島区役所CISO（情報セキュリティ統括責任者）を務める。2015年より総務省地域情報化アドバイザー、ICT地域マネージャー、地方公共団体情報システム機構地方支援アドバイザー、文部科学省ICT活用教育アドバイザー、2016年より独立行政法人情報処理推進機構「地方創生と IT 研究会」委員。2018年に豊島区役所を退職、合同会社KUコンサルティングを設立し現職。

　豊島区役所在職中、庁舎移転に際して全管理職員にテレワーク用PCを配付、また庁内LANの全フロア無線化やIP電話等コミュニケーションツールを用いた情報伝達など、ワークスタイルの変革に取り組む。庁外では、自治体向けの「情報セキュリティポリシーガイドライン」、教育委員会向け「教育情報セキュリティポリシーガイドライン」策定にかかわる。

　自治体職員としての29年間、窓口業務や福祉業務を経験する一方、情報化施策にも継続的に取り組んでおり、情報化推進部門と利用主管部門の両方に所属した経験を活かし、ICTスキルとともにDX推進のための組織の問題にもアドバイスを行っている。各種アドバイザーとして100を超える自治体を支援してきたが、他にも一関市をはじめ、宇和島市、飯島町など多くの自治体のアドバイザーを務めている。

　2015年に総務省情報化促進貢献個人等表彰で総務大臣賞、2016年にテレワーク協会からテレワーク推進賞優秀賞、2019年に情報通信月間記念式典で関東総合通信局長表彰を受賞。2022年には情報通信月間記念式典で総務大臣表彰受賞。

サービス・インフォメーション

―― 通話無料 ――

① 商品に関するご照会・お申込みのご依頼
　　　　TEL 0120(203)694／FAX 0120(302)640
② ご住所・ご名義等各種変更のご連絡
　　　　TEL 0120(203)696／FAX 0120(202)974
③ 請求・お支払いに関するご照会・ご要望
　　　　TEL 0120(203)695／FAX 0120(202)973

●フリーダイヤル（TEL）の受付時間は、土・日・祝日を除く
　9：00～17：30です。
●FAXは24時間受け付けておりますので、あわせてご利用ください。

全体最適の視点で効果を上げる　自治体DXの進め方
推進段階別の課題と対応

2023年6月20日　初版発行

著　　者　髙　橋　邦　夫

発 行 者　田　中　英　弥

発 行 所　第一法規株式会社
　　　　　〒107-8560　東京都港区南青山2-11-17
　　　　　ホームページ　https://www.daiichihoki.co.jp/

装　　丁　タクトシステム株式会社

イラスト　にしやひさ／PIXTA（ピクスタ）

DX自治体課題　ISBN 978-4-474-09153-5 C2031（8）